Sinnfindung
im Beruf

Gregor Wilbers
Sinnfindung im Beruf

info@j-kamphausen.de
www.weltinnenraum.de

Lektorat: Dr. Richard Reschika
Typografie/Satz: KleiDesign
Umschlaggestaltung:
Wilfried Klei
Druck & Verarbeitung:
Westermann Druck Zwickau

www.sinnfindung-im-beruf.de

1. Auflage 2005
Die Deutsche Bibliothek – CIP-Einheitsaufnahme

Ein Titelsatz für diese Publikation
ist bei der Deutschen Bibliothek erhältlich

ISBN 3-89901-039-6

Dieses Buch wurde auf 100% Altpapier gedruckt und ist alterungsbeständig.
Weitere Informationen hierzu finden Sie unter www.weltinnenraum.de

Gregor Wilbers

Sinnfindung im Beruf

Dieses Buch ist Thich Nhat Hanh
und Willigis Jäger gewidmet,
die mir geholfen haben,
zu mir selbst zu finden.

Zu diesem Buch

Schlechte Wirtschaftslage und eigener Erfolg, Karriere und inneres Gleichgewicht, Kreativität und Rentabilität sind nur scheinbar Widersprüche. Eigener Weg und Verantwortung für andere, komplexe Managemententscheidungen und innere Einfachheit passen zusammen.

Das Buch trägt dem wie einem um sich greifenden Grippevirus Rechnung, der Unzufriedenheit im Beruf und im Privatleben mit sich bringt. Er heißt Hektik und Unruhe, gleichzeitig Lethargie, Angst, Sinnlosigkeit und zehrender Konkurrenzdruck und führt zu verzweifelten beruflichen Überlebensstrategien. Es ist für viele unumstößliche Realität geworden. Neben den persönlichen sind die beruflichen Auswirkungen schon jetzt verheerend.

Viele von uns fühlen sich in irgendeiner Form überfordert, gleichzeitig entsteht in ihrem Innersten eine nagende Leere, die sie kaum noch mit wachsender Arbeit zudecken können, und vor allem auch bald nicht mehr wollen.

Ein erfolgreiches Leben entsteht nicht durch das Bessersein müssen als andere, sondern vor allem durch die furchtlose Entdeckung des eigenen Weges: von der Sinnkrise in die Sinnfrage.

Gerade als verantwortungsbewusste Menschen müssen wir vom kleinkarierten Erfolgs- und Effektivitätsdenken weg hin zu einer ganzheitlichen, d.h. auch spirituellen Sichtweise finden. Vernunft, Logik und Intuition gehören untrennbar zusammen. Nur so können wir unser Leben sinnvoll leben, in unserem Beruf erfolgreich Entscheidungen treffen und gleichzeitig innere Zufriedenheit und

Ruhe finden. Sinnerfüllung und Beruf wachsen zu Berufung zusammen.

Eine neue Lebens- und Berufsethik, ein neues Verantwortungsbewusstsein für sich selbst und andere können zu echtem Erfolg, zu mehr Menschlichkeit, Ausgeglichenheit und Zufriedenheit im Beruf führen.

Dieses Buch will einen neuen Weg aufzeigen, um dorthin zu gelangen, einen Weg, auf dem alles leichter wird, wo wir uns und andere entlasten, unsere eigene Intuition und unseren inneren Frieden finden, wo wir endlich aufhören können, außerhalb von uns selbst nach Lösungen zu suchen und stattdessen alles in uns selbst vorfinden.

Das Buch führt Frauen wie Männer zu ihrer eigenen unverlierbaren Mitte, aus der heraus sie kraftvoll, aber effektiv agieren können. Nur da ist völlige Präsenz – das Einssein mit dem Augenblick – möglich, nur da kann Intuition stattfinden:

Wir werden von dem Wahn befreit, alles selbst steuern, über alles die Kontrolle behalten, alles verstehen, uns gegen alles absichern zu müssen, immer nur logisch denken, alles bewerten, ständig Entscheidungen treffen, dauernd die Oberhand behalten zu müssen und immer zu den Besten zu gehören. Wir lernen, dass wir das alles geschehen lassen können, ohne dass uns etwas abhanden kommt, ohne dass etwas schief läuft.

Wir entdecken auf unserer Reise zu einer neuen Sicht der Dinge, dass wir auf festem Boden stehen und dass es noch etwas gibt, das viel umfassender als unser überanstrengtes „Verstandes-Ich" für uns arbeitet, wenn wir es nur einfach lassen: unser „Selbst", unser innerstes Wesen, unsere Intuition.

Und es funktioniert anders als unser geschundenes Ich, das sich immer behaupten muss: Es kennt nicht Sieg oder Niederlage, Oben oder Unten, Gut oder Schlecht, Schwarz oder Weiß, Mann oder Frau, sondern nur den

Prozess des Werdens, der uns allen innewohnt und in dem wir nicht Gewinner oder Verlierer auf dieser Erde sind, sondern Teil des Ganzen (wie die Welle des Meeres), in dem wir sicher aufgehoben sind und in dem wir wirkliche Erfüllung finden, nicht getrennt von anderen und ohne die Möglichkeit des Scheiterns, wenn wir uns nur darauf einlassen.

Wir entdecken ein neues Verantwortungsgefühl, bei dem es nicht darum geht, alles gleichzeitig zu bedenken, sondern einfach präsent zu sein.

Eine so verstandene Spiritualität im beruflichen wie im privaten Leben ist nicht nur ein besonderer, es ist auf lange Sicht hin der einzige Weg, da er alle Aspekte des Lebens miteinbezieht, ohne etwas zu vernachlässigen. Wir sind in jeder Situation präsent, ohne an alles denken zu müssen.

Menschen suchen auf einmal unsere Nähe, und zwar nicht, weil sie irgendwie an uns gebunden sind, sondern weil sie sich auf neue Art und Weise zu uns hingezogen fühlen. Umgekehrt lernen wir, auch unangenehme Situationen auszuhalten. Indem wir beides – Nähe und Distanz – gelassener erleben, ruhen wir in uns selbst, erleben wir unsere innere Kraft und Intuition.

Dieses Buch ist angefüllt mit Erfahrungen, die jede/r in sich entdecken kann. Es will ausdrücklich keine Ratschläge geben, sondern dazu einladen, eine neue innere Haltung zu entwickeln. Es wird kein 10-Schritte-Programm aufgezeigt zu noch mehr Effektivität, sondern vielmehr wie wir einer sinnvollen Entwicklung in uns den Weg bereiten können. Es macht Mut, einfach einmal in die entgegengesetzte Richtung, nach innen, zu schauen und zu denken.

Insofern werden Beruf und Management einmal nicht von der betrieblichen Seite, sondern von der menschlichen Seite aus betrachtet: Erfolg geht nicht von

Strategien und Konzepten aus, sondern von der jeweiligen Person, von uns selbst.

Es wird nicht noch mehr Know-how vermittelt, sondern dargelegt, wie wir uns auf unser Innerstes besinnen können. Gerade jetzt, da die Anforderungen von außen kein Ende zu nehmen scheinen, entdecken wir, dass wir wieder auf uns selbst hören können und Mut brauchen, anders zu sein, nämlich so, wie es uns entspricht. An diesem Punkt finden alle Strategien ihr Ende, alle Jagd nach den neuesten Konzepten wird ad absurdum geführt. Auf einmal sind wir zu Hause, ganz bei uns selbst. Und so sucht man vergeblich nach Tipps und Tricks für Beruf und Management; vielmehr findet man Anregungen für ein ganzheitlich neues Bild von sich und der Welt, mit Hilfe dessen man souverän agieren kann.

Auf unserem neuen Weg kommt es nicht mehr darauf an, möglichst viele Informationen anzusammeln und alles zu wissen, sondern unsere eigene, in uns vorhandene Erkenntnis auf uns wirken zu lassen. Deswegen lade ich Sie ein, so langsam wie möglich durch das Buch zu reisen und nicht zu versuchen, es an einem Abend, möglichst noch vor den „Tagesthemen", zu lesen oder gar quer zu lesen. Denn danach wüssten Sie zwar alles, hätten aber nichts erfahren.

Das Buch richtet sich an Sie persönlich, es geht in diesem Buch nur um Sie (!), nicht um irgendwelche Praktiken, die Sie leider noch nicht kannten oder noch besser direkt wieder verwerfen.

Es geht um lauter Themen, die im Berufsalltag tabu sind, weil sie vermeintliche Schwäche zeigen. In Wahrheit ist es aber Stärke, zu sich selbst zu stehen und innere Fragen zuzulassen. Es gibt nicht den klassischen Wegweiser, sondern nur eine Einladung, Entdeckungen zu machen, die schon lange in Ihnen schlummern, und nichts zu glauben, was Sie nicht selbst erfahren können.

Von welchem Geist lassen wir uns leiten, wenn wir uns selbst und andere leiten? Dies ist eine – leicht abgewandelte – Frage von Ignatius von Loyola, dem Gründer des Jesuitenordens aus dem 16. Jahrhundert, die wir uns hier zu Eigen machen wollen.

„Irgendwann ging mir auf, dass mein Leben nur in diesen Augenblicken Sinn besaß, in denen ich in meinem Leben wirklich ankam."

JACOB NEEDLEMAN: DIE SEELE DER ZEIT. DIE ANKUNFT

Mühe unseres Lebens

Die ganzen Anstrengungen unseres Lebens können uns immer nur vermeintlich dem nähern, wo wir hinwollen. Die Anstrengung der Ausbildung, der Versuch, die/den richtige/n Partner/in zu finden, das Hoffen und Ringen um einen guten Arbeitsplatz, das Erschließen guter Karriere- und Verdienstmöglichkeiten, der Versuch, sich ein schönes Heim aufzubauen, haben in Wirklichkeit einen anderen Hintergrund. Die unendliche Mühe, die uns all dies gekostet hat, das unermüdliche Abrackern für die vermeintlich erstrebenswerten Ziele haben in ihrer eigentlichen Wirkung wohl ein ganz anderes Ergebnis gehabt.

Wir haben nämlich mit viel Schweiß gelernt, dass wir vieles nicht selbst beeinflussen konnten, dass wir nicht unser Leben, sondern dass das Leben uns geformt hat. Alle Anstrengungen haben irgendwohin geführt, nur nicht zu dem, was wir ursprünglich geplant hatten. Oder wenn es tatsächlich doch so gekommen ist, war es anders, als wir es uns vorgestellt hatten. Oder es hatte für uns auf einmal an Bedeutung verloren. Oder wir haben bemerkt, dass wir trotzdem die Alten geblieben sind, mit den gleichen Fragen, mit der gleichen Unzufriedenheit.

Wir bemerken dann, dass häufig gerade jene Momente in unserem Leben, die überhaupt nicht eingeplant waren, die ganz und gar gegen unseren Willen passierten, die uns einen schmerzlich Verlust bescherten und uns sogar manchmal an der Güte des Lebens zweifeln ließen, dass gerade diese Momente unserem Leben eine neue, sinnvolle Richtung gaben, ein Rätsel lösten und uns weiterbrachten.

Vieles passiert, ohne dass wir gefragt werden. Aber wenn wir uns wirklich für das Leben öffnen, eröffnen sich ganz neue Horizonte für uns. Wir erleben, dass wir nicht mehr effektiv sein müssen, weil wir es bereits sind, dass wir uns nicht anzustrengen brauchen, weil die Kreativität aus uns herausfließt, ohne Stundenbegrenzung, ohne To-do-Liste, ohne dass wir uns den Tag vom Terminkalender diktieren lassen müssten. Wir tun auf einmal nicht mehr, sondern weniger, und es bereitet uns keine Mühe mehr, alles Notwendige zu erledigen. Wir sind erfüllt von dem, was wir tun, so unsinnig es uns auch bislang vorgekommen war, so widerstrebend wir bislang unsere Tätigkeit ausgeführt haben.

Wir kommen abends nicht mehr abgespannt nach Hause, wir benötigen nicht mehr Bier und Fernsehen, sondern wir können einfach da sein, wo wir hingehören: in uns selbst. Diese neue innere Ruhe verhilft uns zu ganz neuen Einsichten. Indem wir lernen, unser bisheriges Leben anzunehmen, entdecken wir neue Möglichkeiten, uns wirklich weiterzuentwickeln, etwas zu tun, das uns entspricht, das uns und anderen wirklich hilft.

Vielleicht bekommen wir mehr Mut, uns dem Leben zur Verfügung zu stellen, anstatt möglichst viel aus dem Leben herauszuholen. Vielleicht können wir lernen, in uns hineinzuhorchen, unserer Intuition zu folgen, auch wenn wir immer nur den nächsten Schritt sehen, nie den ganzen Weg.

Dieses Vertrauen, dass etwas in uns den Weg kennt, nimmt die Bürde und die Last des bisherigen Lebens von uns. Wir können eine klare Linie erkennen. Wir sehen, dass alle Mühen und Anstrengungen nur den einen Sinn hatten, uns an diesen Punkt zu führen und uns auf das Leben vorzubereiten, das nun in einer ganz neuen Dimension beginnen kann.

Wir halten nicht mehr fest, sondern lassen los. Wir sind nicht mehr aktiv, sondern werden passiv. In unserer Passivität bleiben wir jedoch sehr präsent und aufmerksam: Wir lernen, achtsam mit uns und dem Leben zu werden.

Alles wirklich im Augenblick Erforderliche kann uns künftig leicht von der Hand gehen, ohne unsere langfristigen Pläne und Ziele außer Acht zu lassen. Nur könnte es sein, dass uns vor Augen geführt wird, dass wir uns mit unseren bisherigen Plänen und Zielen nicht mehr so leicht identifizieren können.

Es könnte passieren, dass wir entdecken, nirgendwo mehr hin zu müssen. Wir sind nämlich schon da, waren immer schon am Ziel: bei uns selbst. Nur hier finden wir Ruhe und Glück, Antworten auf unsere Fragen, tauschen Vertrauen gegen unsere Sorgen und gegen unsere Angst, hier ist immer alles, was wir brauchen, vorhanden. Wir werden es nirgendwo anders finden. Wenn wir dort sind, findet sich alles Weitere. Wir gehen damit den verantwortungsvollsten Weg, der denkbar ist: den Weg, den sich das Leben für uns ausgedacht hat.

Niemand braucht Angst zu haben, von nun an nichts mehr tun zu wollen. Ganz im Gegenteil: Jetzt beginnt die wahre Kreativität, die aus unserem Innersten kommt und bis zu unserem Tod niemals versiegt.

Sogar im „Nichtereignis von Aktivität" ist viel Schönheit enthalten, liegt die Vorbereitung auf etwas Neues. Mit diesem Nicht-Tun ist allerhöchste Effektivität verbunden, nur dass dieses Wort nicht mehr zu uns passt: Wir „sind" einfach nur noch, das ist der höchste Grad menschlichen Bewusstseins, mehr gibt es nicht zu „erreichen", weil alles vorhanden ist.

Und nun kann es geschehen, dass sich uns die Augen öffnen für neue Momente, für eine gute Veränderung unseres Lebens, für eine Anerkennung unseres bisherigen Lebens. Ein neuer Abschnitt beginnt, auf den wir uns nun freuen (!) können. Vielleicht passiert es uns, dass wir wirklich gebraucht werden, dass jemand tatsächlich unseren Mut einfordert, dass wir vielleicht ehrlich etwas für andere tun können.

Diese ganze Erfahrung, die ich gerade geschildert habe, kann jeder nur für sich allein machen. An dieser Stelle verstummt jede Diskussion über richtig oder falsch, ich probiere es aus oder nicht, ich erfahre es oder nicht. Aber dieses Buch soll dabei helfen, diese Erfahrung zu erkennen, denn sie ist bereits in uns angelegt.

Fast jeder Mensch hat in seinem Leben schon einmal die Erfahrung des absoluten Einsseins mit sich und der Welt gemacht, vielleicht anlässlich völlig unbedeutender Erlebnisse. Nur lernen wir jetzt, dass diese Einheit uns innewohnt, sie war schon immer da. Sie braucht uns nicht in seltenen Momenten zuzufließen. Das wiederum haben wir selbst in der Hand, hier fließt unsere wahre Aktivität, hier ist unsere Verantwortung für das Leben begründet. Hier können wir Meister unseres Faches werden, hier haben Disziplin, Ausdauer und Fleiß eine ganz neue, sinnvolle und erfüllende Anwendung.

Dies trifft auf etwas zu, das uns nicht mehr loslässt, das wir nicht mehr loslassen wollen und das wir nicht mehr vergessen können. Wir brauchen keine Entscheidungen mehr zu treffen, um dann zu sehen, dass auch die verlockendsten Alternativen ihre Schattenseiten haben, sondern wir werden ohne Für und Wider, ohne Wenn und Aber geführt, und zwar zu uns selbst. Ich kann in jedem Moment meines Lebens in meiner Mitte sein oder zu ihr zurückfinden, indem ich mich auf mich selbst besinne, vom Wollen auf das einfache Sein.

Ich frage nicht mehr nur nach Logik und Verstand, sondern nach Vertrauen und Zuversicht, und erkenne, dass alles nach einem Plan abläuft, der uns innewohnt, den wir jetzt zu entdecken beginnen. Unsere bisherigen Pläne waren immer nur Konzepte, ein Ausschnitt der Wirklichkeit, und wir haben niemals alle Aspekte berücksichtigen können.

Erreichen wir mit Bewusstsein Meisterschaft in unserem Leben? Nein, denn wir sind bereits meisterhaft, wir haben nur die Wahl, es in uns zu entdecken. Das ist unsere wahre Aufgabe, es zu entdecken und zu leben. Das wollen wir in diesem Buch finden.

Sogar wenn wir aus dem Leben scheiden müssten, wenn augenscheinlich nichts fertig geworden wäre, waren wir auf dem Weg dahin, auf unserer Suche, vollkommen. Es gibt an unserem Leben nichts abzuschneiden, nichts zu schmälern, nichts hinzuzufügen. Es sei denn, wir hätten es nicht versucht und uns standhaft geweigert, unser Ich mit seinem Verstand nicht mehr als das höchste Gut anzusehen, nicht mehr als unsere egozentrische Wahrnehmung der Wirklichkeit, als das Verbleiben in alten Bahnen, die aufzubauen so viel Mühe gekostet hat. Je mehr Mühe wir uns gemacht haben, umso schwerer können wir davon lassen.

Andererseits habe ich für mich festgestellt, dass ich mit meinem Bemühen auch am gründlichsten gelernt habe, dass es Unsinn ist, dort zu bleiben und aufzupassen, dass nichts verloren geht. Wir können es nicht aufhalten. Wie wunderbar es ist, keine Angst mehr vor Verlust haben zu müssen, ist unbeschreiblich. Das, was wir brauchen, wird uns zuteil, was wir nicht brauchen, verlieren wir vielleicht irgendwann.

Wo werden wir noch auf unserer Reise durch dieses Buch anlegen? Im nächsten Kapitel kommen wir auf den Sinn der Sinnkrise zu sprechen, um danach in medias res zu gehen: Meditation als Grundlage allen Handelns. Mit dieser Grundlage ergeben sich ganz neue Sichtweisen für unser Leben, möglicherweise eine neue berufliche und private innere Haltung, verbunden mit einer neuen inneren Weisheit.

Im letzten Drittel geht es darum, die Vision von Liebe, Spiritualität und einer neuen Lebensethik auch im Beruf zu leben. Der Weg dahin wird unaufdringlich, aber gemeinsam Schritt für Schritt gegangen. Wir kommen wie „zufällig" ans Ziel: Es ist eine spirituelle Reise.

Der Sinn der Sinnkrise

Irgendwann kommt der Punkt in unserem Leben, an dem wir uns fragen: Wozu das Ganze? Die einst gerne ausgeführte Arbeit macht keinen Spaß mehr, es ist irgendwie immer das Gleiche, die Kollegen machen immer denselben Ärger, dieselben Witze, oder es ist immer dieselbe Einsamkeit, derselbe Stress.

Vielleicht fühlen Sie sich ausgelaugt, die tägliche Routine verschleißt Sie. Manche bemerken vielleicht, dass die anerkannt gute Arbeit in Wahrheit nicht mehr gut ist. Oder sie leiden darunter, dass die geleistete Arbeit niemals genügt und sie den Anforderungen nicht (mehr) entsprechen.

Der alte Ehrgeiz ist nur noch Legende, vielleicht leben Sie nur noch davon, dass Sie einmal gut waren, aber Sie sind es nicht mehr. Sie spüren eine tiefe, innere Leere. Oder Sie sind ständig darauf aus, dass etwas passiert, dass Sie auch ja Ihren Beitrag leisten und immer das Richtige tun.

Zunächst versuchen wir dann meist, diese Gedanken zu widerlegen, strengen uns noch mehr an, wollen noch mehr schaffen und erledigen. Das geht dann noch in die nächste und übernächste Runde, und dann bemerken wir, dass wir immer weniger schaffen, je mehr wir schaffen wollen, dass wir immer weniger erledigen und immer mehr vor uns herschieben.

An manchen Tagen haben wir vielleicht das Gefühl, den Berg an Arbeit nicht zu bewältigen, um dann ein paar Tage später festzustellen, dass eigentlich alles läuft, und wir verstehen gar nicht, dass auf einmal alles Dringende erledigt ist. Oder wir denken, alles sei im Lot und bemerken dann, dass wir die wichtigsten Daten nicht mehr im Kopf haben und eine peinliche Situation entsteht.

Ehrgeiz wird Ihnen zunehmend suspekt, und Sie ertappen sich dabei, dass Sie Ihre Arbeit, sei sie auch mit noch so wichtigen Entscheidungen verbunden, nicht mehr wichtig finden. Die Ausarbeitung des Wirtschaftsprüfers für ein trickreiches Steuersparmodell im Ausland (daran habe ich es gemerkt) verstehen Sie nicht mehr .... nein, Moment, noch schlimmer: Sie *wollen* es nicht mehr verstehen?

Es entstehen neue Fragen

Warum leben wir überhaupt? Wer sind wir wirklich? Warum trifft es gerade uns? Diese Gedanken schockieren uns vielleicht zunächst, aber ich fühle mich Ihnen sehr verbunden, wenn Sie entdecken: So kann es nicht weitergehen. Dies ist der erste Schritt für einen Neubeginn.

Vielleicht waren Sie schon in der Buchhandlung und haben sich für Titel interessiert, die Sie sonst keines Blickes gewürdigt hätten: Warum geht es mir so, wie es mir geht? Was steckt dahinter? Sie suchen einen Ausweg, einen tieferen Sinn.

Sie reagieren vielleicht empfindlicher als sonst, sind unausgeglichen und schleppen Gedanken mit sich herum, die nach Tagen immer noch nicht verschwunden sind. Auf einmal müssen Sie erkennen, dass Sie an die eigene Grenze gestoßen sind. Alles in Ihnen sagt nein, nein, nein: So will man auf keinen Fall weitermachen. Hier ist der Weg zu Ende. Was sich zuerst wie eine Todeserklärung anhört (es ist auch ein kleiner Tod), ist in Wahrheit der Beginn des Weges, und zwar Ihres Weges. Der Unterschied ist nur, dass er nicht mehr vorgezeichnet ist. Ausbildung hilft nicht mehr weiter, Ratschläge von Freunden treffen nicht mehr den Kern der Angelegenheit,

Seminarratgeber versagen, Berater haben nur noch Konzepte zu bieten, und das ist gut so.

Bisherige Werte, zum Großteil von außen eingeimpft, bröckeln regelrecht ab und zeigen ihr wahres Gesicht: die Entfernung zu uns selbst, die Identifizierung mit fremden, vorgefertigten und vor allem völlig hilflosen Vorstellungen, wie ein erfülltes Leben aussieht.

Auch die Werbung verspricht das Erreichen von Zuständen, die niemals eintreten werden. Nur durch einen Bausparvertrag werden Sie kein Haus, kein Auto, keine Frau (keinen Mann), kein Pferd gewinnen (interessante Reihenfolge in der Werbung der Sparkasse).

Viel interessanter ist jedoch die Frage: Warum sollen wir immer etwas von außen benötigen, um glücklich zu werden? Oder tragen wir nicht vielmehr alles in uns selbst? Müssen wir nicht endlich davon lassen, dass uns äußere Umstände glücklich machen? Sie werden es nie tun, wenn wir in unserem Innersten nicht selbst mit uns zufrieden sind, wenn wir nicht unsere innere Ruhe finden.

Stufen

„Wie jede Blüte welkt und jede Jugend
Dem Alter weicht, blüht jede Lebensstufe,
Blüht jede Weisheit auch und jede Tugend
Zu Ihrer Zeit und darf nicht ewig dauern.
Es muss das Herz bei jedem Lebensrufe
Bereit zum Abschied sein und Neubeginne,
Um sich in Tapferkeit und ohne Trauern
In andre, neue Bindungen zu geben.
Und jedem Anfang wohnt ein Zauber inne,
Der uns beschützt und der uns hilft, zu leben.
Wir sollen heiter Raum um Raum durchschreiten,
An keinem wie an einer Heimat hängen,

Der Weltgeist will nicht fesseln uns und engen,
Er will uns Stuf' um Stufe heben, weiten.
Kaum sind wir heimisch einem Lebenskreise
Und traulich eingewohnt, so droht Erschlaffen;
Nur wer bereit zu Aufbruch ist und Reise,
Mag lähmender Gewöhnung sich entraffen.
Es wird vielleicht auch noch die Todesstunde
Uns neuen Räumen jung entgegen senden,
Des Lebens Ruf an uns wird niemals enden...
Wohlan denn, Herz, nimm Abschied und gesunde!"

HERMANN HESSE

Kleiner Exkurs: Depression oder nicht?

Manche meinen an dieser Stelle vielleicht, in eine Depression gefallen zu sein, die medikamentös behandelt werden muss und „weggemacht" werden kann. Vielleicht können Sie es aber auch als einen Prozess des Wandels und der Transformation betrachten, der eine wichtige Funktion in unserem Leben einnimmt und den es bewusst zu erleben, zu fühlen und herauszulassen gilt – all das, was jahrelang unterdrückt werden musste, sich nicht entfalten konnte oder durfte. Verletzungen in unserer Kindheit, einschneidende Erlebnisse in unserem Erwachsenendasein wollen Ausdruck finden.

Es ist ein Reinigungsprozess unseres Körpers, der sehr wichtig für uns ist. Wenn wir unsere Muskeln trainieren, hören wir auch nicht auf, wenn es weh tut. Auf jeden Fall kann die Begleitung eines Therapeuten oder Vertrauensarztes sehr sinnvoll sein. Und doch kommt es auf Sie an: Stellen Sie sich Ihren Gedanken, oder wollen Sie sie einfach loswerden? Diese Gedanken sind ein Teil von Ihnen, Sie brauchen sie nicht zu bewerten, Sie brauchen nicht mit

Ihnen zu argumentieren, Sie können sie zulassen, bewusst machen und fühlen, damit sie sich auflösen können.

Spätestens wenn Sie unter Angst- oder Panikattacken leiden, sich nicht mehr aus dem Haus trauen oder Essstörungen bekommen, sollten Sie sich sofort mit einem Arzt in Verbindung setzen.

Es entstehen neue Antworten

Nun beginnt der eigentliche Weg, Ihr Weg. Dinge, die früher unwichtig waren, werden auf einmal wichtig. Sie bemerken im Alltag Zusammenhänge, die keiner sieht, Sie sehen Widersprüche, für die sich keiner interessiert, Sie verschenken Liebe, die keiner braucht, Sie entwickeln Werte, die keiner versteht. Sie suchen nach einem Sinn, den keiner sucht, Sie haben Fantasien, die Sie nirgendwo einbringen können, Sie haben Ideen, die alle mit einem höflichen Kopfnicken abtun oder die mit dem üblichen „ja aber“ wegdiskutiert werden.

Logik ist auf einmal nicht mehr alles für Sie, und damit sind Sie für das normale Berufsleben erst einmal (burn) out.

Nun betreten Sie echtes Neuland, Sie können keinen mehr fragen, was richtig oder falsch ist. Wie wäre es mit: „Ich bin einfach ich selbst“? An dieser Stelle beginnt Ihr Innerstes zu blühen, Ihr wahres Selbst kommt zum Vorschein, Sie müssen nicht immer mehr haben, Sie können einfach sein.

Lassen Sie die Vergangenheit los, haben Sie keine Angst vor der Zukunft. Sie machen nichts falsch, wenn Sie auf Ihr Innerstes hören. Vertrauen Sie dem Gefühl, Ihre geschützte, eingegrenzte und kleine Welt hinter sich lassen zu wollen.

Es geht nicht darum, nun alles hinzuschmeißen, sondern eine neue innere Einstellung zum Leben zu bekommen und zu sehen, dass sich alles nach und nach verändert. Das Zauberwort heißt „Loslassen". Endlich die Pflicht, das Ansehen, das Geld, das Müssen, die Karriere, sein zu lassen, was es ist: ein Mosaiksteinchen in Ihrem Leben, das auch gut ohne Sie auskommt. Das ist durchaus wörtlich gemeint: Wenn wir nicht mehr aktiv alles Mögliche wollen, sondern anfangen, in uns selbst zu ruhen und aus uns selbst heraus zu agieren, werden wir kraftvoll und authentisch, werden viel besser wahrgenommen und nehmen selbst viel besser wahr.

Das Leben kann endlich anfangen, für uns zu arbeiten, wir hören auf, unserem Leben ins Handwerk zu pfuschen. Wir müssen uns nicht gegen alles schützen, was passiert. Im Gegenteil, jedes Problem trägt seine Lösung bereits in sich. Das ist dann keine Phrase mehr, wenn man bereit ist, sich ganz und gar darauf einzulassen, loszulassen und präsent im Augenblick zu verweilen. Wir lernen ganz neu, auf jeden Aktionismus zu verzichten, bleiben ganz bei uns und erleben, wie wir anfangen, in jeder Situation das Richtige zu tun.

Damit ist nicht gemeint, dass ab jetzt in unserem Leben nichts mehr schief geht. Aber dass alles, was vermeintlich schief geht, uns letztendlich immer (!) unserem Lebensziel entgegenführt. Dafür lassen wir den Gedanken los, wir müssten ein Lebensziel erreichen. Wir waren längst auf dem Weg, und wir werden es immer bleiben, es geht gar nicht anders. Am Ende unseres Lebens, wenn wir dann sechsmal unsere Laufrichtung geändert haben, sagen wir dann: Hierhin habe ich immer gewollt.

Unsere ganzen Pläne sind nichts weiter als Hoffnungen, Wünsche und Hirngespinste. Was daraus geworden ist, nachdem uns die Wirklichkeit tausendmal dazwischen gefunkt hat, nennen wir dann das gewollte Ergebnis, das nach vielen Anstrengungen und Aufs und Abs vermeintlich aus unserer eigenen Anstrengung und Leistung heraus entstanden ist.

Der Verstand setzt sich nachträglich immer oben drauf, wenn der Weg sichtbar wird, er findet niemals den Weg selbst. Wir empfinden es häufig umgekehrt, aber es ist nicht so.

Ohne Streben und Ehrgeiz, ohne ich-betontes Wollen und Festhalten lösen wir uns von unseren Sorgen; wir haben sie noch, aber wir sind sie nicht mehr. Bildlich gesehen, stellen wir fest, dass wir uns bis jetzt immer an einem Seil festgehalten haben, aus Angst, wir könnten tief fallen. Dann haben wir ängstlich einen Finger losgelassen, und es ist zum Glück nichts passiert. Der zweite Finger bereitet uns noch mehr Angst, aber wir lockern ihn langsam, um ihn dann doch loszulassen. So geht es immer weiter, bis wir beim letzten Finger denken, nun ist es um uns geschehen. Und dann stellen wir fest, dass wir schon immer ganz fest auf dem Boden gestanden haben, es konnte gar nichts anderes geschehen.

Man kann es nicht beweisen, man kann es nur ausprobieren. Wenn wir unserem Innersten vertrauen, uns darauf verlassen, wird uns nichts passieren. Aber das ständige Müssen, Wollen, Retten, sich für so unentbehrlich und wichtig zu halten, dieses scheinbar unzerstörbare Ich, Ich, Ich wird uns langsam lästig.

All unser bisheriges Problemlösungsdenken hat immer ein neues Problem hervorgebracht. Wir haben uns verrückt damit gemacht, dass wir eine Lösung finden mussten, um uns wertschätzen zu können oder um vermeintlich wertgeschätzt zu werden. Das hat jetzt ein Ende, wenn wir wollen. Der Kampf ist zu Ende. Schwäche oder Stärke? Nur der Schwache kämpft, und zwar gegen sich selbst.

Wir lassen die Dinge geschehen, wie sie geschehen, und wundern uns, dass die Welt nicht untergeht. Dabei geht es nicht darum, allem und jedem die kalte Schulter zu zeigen und zu sagen: „Interessiert mich nicht mehr !“, sondern eine neue innere Haltung zu entwickeln, die uns alles von einer gehörigen Distanz aus betrachten lässt, und zu wissen, dass alles Sinn macht, auch wenn wir es im Moment nicht erkennen können.

Wir müssen uns nichts mehr beweisen, sondern fangen stattdessen an, zu dienen (!) und ein gutes Gefühl dafür zu entwickeln, wann wir eingreifen und wann nicht. Wir sehen auf einmal, dass unser Gegenüber das gleiche Anrecht hat, in seinen Bedürfnissen gesehen zu werden, und dass nur, wenn für alle Beteiligten gleichberechtigt eine Lösung gefunden wird, auch wir langfristig eine angemessene Lösung für uns finden können.

Es entsteht eine neue Kommunikation

Bei gleichberechtigter Kommunikation machen wir es auch uns leichter, weil wir nicht mehr gegen etwas sein müssen, das wir bei richtigem Hinhören besser verstanden hätten. In dieser neuen Atmosphäre des wirklichen Interesses für unser Gegenüber kann eine Lösung entstehen, die für beide zufrieden stellend ist. Wir erkennen, dass wir mit all unseren Ängsten, betrogen zu werden, uns nur selbst betrogen haben. Alle Hassgedanken haben uns nur uns selbst hassen lassen, alle Mordgelüste haben uns nur selbst umgebracht, jeder Egoismus hat uns nur selbst geschadet.

Es kann nichts passieren, weil wir in dieser Atmosphäre der Offenheit viel schneller merken, wenn wir einen manipulativen Partner vor uns haben. Viel größer jedoch ist die Wahrscheinlichkeit, dass wir unseren Partner anstecken, da auch er sich nur aus Angst einen Schutzmantel aus Vorsicht und Manipulation zugelegt hat. Wenn wir das erkennen, können wir auch viel gelassener mit solchen Situationen umgehen und lernen, dass wir nicht allein gegen die Menschheit stehen, sondern das jeder Einzelne mit dem anderen verbunden ist.

„Wo aber das Gespräch sich in seinem Wesen erfüllt zwischen Partnern, die sich einander in Wahrheit zugewandt haben, sich rückhaltlos äußern und vom Scheinen-Wollen frei sind, vollzieht sich eine denkwürdige, sonst sich nirgendwo einstellende, gemeinschaftliche Fruchtbarkeit."

MARTIN BUBER

Es geht weiter

Wir lassen das Sich-Zurückhalten und das Festhalten los. Wir lassen diese uns selbst gesteckten Grenzen los und erleben eine neue Herausforderung, die uns vom Leben geschenkt wird und die wir nicht allein meistern müssen, auf die wir uns nur einzulassen haben.

Wenn wir vor Wut, Angst und Ärger erstarren, wenn wir blockiert sind, weichen wir nicht mehr aus, sondern verharren ganz bewusst in diesem Augenblick, wünschen ihn uns nicht weg und fühlen, wie sich etwas in uns auflöst. Wenn wir den Moment verpassen, fühlen wir auch dies in uns und betrachten es als unser Ureigenes. Es ist ein Teil von uns, das Brillante in uns ist untrennbar mit dem Versagen in uns verbunden, und es lässt uns wachsen, wenn wir es nur zulassen.

Wir erleben nun, dass Loslassen keineswegs bedeutet, wir würden nun immer auf einer Stufe stehen bleiben, sondern dass es jetzt erst richtig losgeht. Neuen Herausforderungen jagen wir nicht nach, wir meiden sie jedoch genauso wenig und erleben, dass wir uns ihnen ganz ungeschützt aussetzen, ganz gleich, was auch passieren mag. Wir flüchten nicht aus der Situation, sondern haben das Vertrauen, dass wir das Richtige tun, dass uns das Richtige passiert. Wir versuchen es nicht. Wir tun es.

Genauso, wie wir früher die Herausforderung zwanghaft gesucht haben, lassen wir sie nun ohne Angst durch uns hindurchziehen und haben die Gewissheit, dass uns nur die Herausforderungen passieren, die uns weiterbringen. Wir leben nicht einen einzigen Moment unseres Lebens umsonst. In der Spiritualität gibt es kein „Vergebens".

„Vertrau Dir selbst, vertrau Deinem psychischen Immunsystem. Nimm Dir Zeit, Deine Mitte zu finden, den festen Boden in Dir, und tu das, was Dir erlaubt, dort zu bleiben.... Hör auf Dich selbst. Nimm Deinen eigenen Rat an.

Gott, ich kann kaum glauben, in welcher Gemütsverfassung ich anfangs meine Entscheidungen gefällt habe – dieser Druck, die Angst, das Gehetzte, die Verwirrung, der Mangel an Wissen; und in der Rückschau kann ich nur staunen, wie ich mich durchgeschlagen habe – recht wacker, aber ohne mir die Zeit zu nehmen, den Zugang zu meiner eigenen inneren Weisheit zu finden, und deshalb ohne die Ruhe und den Frieden, die ich jetzt habe."

(Ken Wilber in: Mut und Gnade, Tagebuch seiner Frau Treya als schwer erkrankte Krebs-Patientin. Diese Frau und ihre spirituelle Entwicklung haben mich sehr tief bewegt und beeinflusst.)

Woher kommt diese innere Kraft, wenn wir nicht immer auf diese seltenen Augenblicke unseres Lebens, in denen auf einmal alles klar und vollkommen erscheint, warten wollen? Jeder von uns hat wahrscheinlich diese seltensten Momente schon genossen, es ist, als wenn uns jemand zur Seite nehmen würde und uns zuflüsterte: „Es ist alles so in Ordnung, wie es ist, es hat alles seinen Sinn. Du brauchst dir keine Sorgen zu machen."

Das ist keine Magie, es ist einfache Meditation. Und schon sind wir beim nächsten Kapitel.

„Alle Kinder, solange sie noch im Geheimnis stehen, sind ohne Unterlass in der Seele mit dem einzig Wichtigen beschäftigt, mit sich selbst und mit dem rätselhaften Zusammenhang ihrer eigenen Person mit der Welt ringsumher. Sucher und Weise kehren mit den Jahren der Reife zu diesen Beschäftigungen zurück, die meisten Menschen aber vergessen und verlassen diese innere Welt des wahrhaft Wichtigen schon sehr früh für immer und irren lebenslang in den bunten Irrsalen von Sorgen, Wünschen und Zielen umher, deren keines in ihrem Innersten wohnt, deren keines sie wieder zu ihrem Innersten und nach Hause führt."

HERMANN HESSE

Meditation als Grundlage allen Handelns

Innerer Frieden und Ausgeglichenheit, Harmonie mit allem um uns herum, das ist es, was wir alle wollen, aller Individualität zum Trotze. Wenn wir kämpfen, dann nur, weil wir dort hinkommen wollen, weil wir meinen, etwas erreichen zu müssen, um mit uns selbst zufrieden sein zu können, um unseren inneren Frieden zu finden.

Hier muss ein Widerspruch aufgeklärt werden: Mit sich selbst zufrieden sein zu können und seinen inneren Frieden zu finden sind zwei sehr unterschiedliche Dinge.

Beim Ersteren meine ich, etwas geschafft zu haben und mir deshalb nun auf die Schulter klopfen zu können. Beim Letzteren ruhe ich in mir selbst, ohne mich von äußeren Umständen abhängig zu machen. Diesen Zustand wollen wir herbeiführen, er ist erstrebenswert, weil er nicht mehr nach dem Wann und Warum fragt, sondern weil wir bei uns ankommen, es auf einmal keine weiteren Fragen mehr gibt, alle Problematik sich auflöst. Es existiert nur noch die Betrachtung, wie alles seinen Weg geht, wir sind endlich zu Hause.

Ruhelosigkeit, Gereiztheit, Unausgeglichenheit, Unzufriedenheit, Unruhe und Anspannung lösen sich auf, alles in uns kommt zur Ruhe, wenn, ja wenn ...?

Das Wunder des Augenblicks

Ich setze mich einmal in Ruhe hin, ich muss einmal (!) nichts tun. Ich brauche keine Ablenkung, muss nicht fernsehen, keine Musik hören, keine Zigarette in der Hand halten, nicht essen, nicht trinken, keinen Sport machen, nicht an die Arbeit denken, keine Probleme wälzen, nicht die Zeit nutzen ... Wissen wir noch, wie das geht?

Das meine ich vollkommen ernst: Wann zum letzten Mal haben wir wirklich nichts getan in dem Sinne, dass wir uns mit nichts beschäftigt haben? Das kann sehr beängstigend sein. Wir sind uns und unseren Gedanken und Gefühlen völlig ausgeliefert. Sie fallen über uns her, weil sie uns sonst nicht zu fassen kriegen. Aus gutem Grund lenken wir uns immer ab: Was da sonst alles ans Tageslicht kommen könnte! Dunkle Gedanken oder ein Gefühl der Leere, die oder das wir nur aufhalten können, wenn wir uns in Aktivitäten flüchten. Das Spiel wird immer schwieriger, wir brauchen immer mehr Ablenkung, die Gedanken werden immer aufsässiger. Das Beste ist, es ist uns gar nicht mehr bewusst. Natürlich gibt es immer etwas zu tun, aber es ist eine Ausrede, ohne etwas zu tun, wären wir ganz unglücklich. Wir bemerken es nur nie, weil wir immer noch etwas finden, das erledigt werden muss.

Also noch einmal: Wir setzen uns in Ruhe hin. Ideal ist ein Ort, wo wir die nächsten zwanzig Minuten ungestört sein können und wo keine lauten Außengeräusche herrschen. Ausreichend ist ein guter Stuhl, auf dem wir entspannt, aber gerade sitzen, die Beine leicht auseinander gestellt, die Arme offen in den Schoß oder auf die Oberschenkel gelegt.

Nun konzentrieren wir uns auf unseren Atem. Wir beeinflussen ihn nicht, sondern wir beobachten ihn völlig neutral. Es stört uns nicht, dass er sehr flach oder sehr heftig ist, wir konzentrieren uns einfach auf ihn und nehmen ihn an, wie und was er ist: ein Teil von uns. Wenn er sich verändert, weil wir ihn beobachten, nehmen wir auch das einfach hin und denken nicht weiter darüber nach.

Ein, aus, ein, aus, ein, aus, ... (wir können es innerlich mitsprechen). Der Atem ist unsere Mitte, er ist unsere Lebensader, in ihm finden wir uns wieder. Er bringt uns von unseren anderen Ablenkungen ab und führt uns zu uns selbst, zu unserer eigenen Mitte.

Wir fühlen in uns selbst hinein. Wie ist unser Zustand? Sind wir unruhig, angespannt, haben wir einen Kloß im Hals? Wie sitzen wir, haben wir ein Gefühl von Zeitdruck, wie fühlt sich der Kopf an, tun die Beine weh usw.? Wir spüren in jedes dieser Gefühle hinein und werden selbst zu dem jeweiligen Gefühl. Wir bewerten es nicht, machen uns keine Gedanken darüber, sondern nehmen es einfach wahr und lassen es dann los.

Wenn wir unangenehme oder angenehme Gefühle haben, verfahren wir genauso. Wir verdrängen sie nicht, wir bewerten sie nicht, sondern wir fühlen sie einfach, welcher Natur sie auch sein mögen, wie sie uns auch berühren. Sie sind ein Teil von uns, wir brauchen sie nicht zu „behandeln". Jedes Gefühl hat eine wichtige Aufgabe, die wir nicht zu verstehen brauchen.

Es ist nur wichtig, diesem Gefühl nicht zu folgen, sondern es einfach wahrzunehmen und anzuerkennen, es braucht sich nicht zu rechtfertigen, es muss nicht logisch sein. Wir fühlen, agieren aber nicht. Durch das bewusste Erleben können sich die Gefühle langsam auflösen, und wir kommen zu uns selbst.

Nach einiger Zeit bemerken wir, wie unsere alten Gedanken hochkommen und uns vom Beobachten unseres Atems wegführen. Wir werden sie nicht los, indem wir sie verscheuchen oder nicht wahrhaben wollen. Sie sind einfach da.

Wir führen unsere Aufmerksamkeit wieder unserem Atem zu und lassen unsere Gedanken vorüberziehen wie Tiere auf einer Lichtung im Wald, sie erscheinen aus dem Nichts und verschwinden auch wieder – wenn wir sie lassen. Nur wenn wir uns in die Gedanken einzuklinken beginnen und sie weiter verfolgen, bleiben sie bei uns und tragen uns woanders hin fort.

Das ist die größte Versuchung bei der Meditation, und wir brauchen viel Mut, Ausdauer und Disziplin, ja sogar Demut. Denn wir können nicht wirklich diesen Zustand der Meditation wollen, es ist nur wieder ein Gedanke, der uns fortträgt.

Alles, was wir tun können, ist, uns bereitzuhalten wie jemand, der etwas empfängt und geduldig darauf wartet, es zu bekommen. Er bereitet sich, so gut er kann, auf die Situation vor, aber er kann sie nicht selbst herbeiführen.

Es ist ein Zustand passiver Aktivität, in dem ich aufhören kann, alles durch mein Ich zu steuern. Es ist sehr wichtig, wir sind weder klein noch groß, wir sind einfach. In diesem Moment entdecken wir unser wahres Selbst, weil unser Ich kleiner wird und wir nur noch sind, ohne Wollen und Begehren.

In Wahrheit werden wir nun sehr groß, weil wir mit allem vernetzt werden, mit allem eins sind. Wir haben unser kleinliches Ich losgelassen und bemerken, dass wir Teil eines unendlich Größeren sind. Es schmerzt, und gleichzeitig ist es ein unglaublich befreiendes Gefühl, wir strengen uns nicht mehr an, uns wird unendlich viel mehr gegeben, wenn wir einfach nur präsent im Augenblick verweilen.

In diesem Moment gibt es keine Fragen mehr, keine Antworten mehr, sondern nur noch Erkennen. Ich bin ganz bei mir selbst und brauche nichts weiter sonst, ich habe alles in mir und ich bin in allem.

Das Beschreiben dieses Zustandes ist einfach. Da wir aber ein Leben lang anders gefühlt haben, in dem Sinne, dass wir alles immer selbst steuern mussten, liegt hier die große Falle, nämlich das Üben zu üben.

Wir können aber nur präsent sein, den Augenblick lieben, wir können nicht aktiv wollen, in den meditativen Zustand zu kommen und zu verweilen.

Wenn wir also nicht gleich zum Erfolg kommen, heißt das nicht automatisch, dass wir schlecht meditieren, sondern dass wir einfach einen weiten Weg gehen müssen, dass wir sehr weit von dem entfernt waren, wo wir eigentlich zu Hause sind. Um zu einer wirklich dauerhaften Änderung zu kommen, können wir getrost zwei Jahre täglich üben. Hier können wir Disziplin und Konzentration einmal anwenden, wo sie wirklich sinnvoll sind.

Diese Übung wenigstens einmal am Tag zu machen, könnte uns zur schönen Gewohnheit werden. Dort ist unsere Insel, hier finden wir alles, was wir brauchen. Am besten machen wir diese Übung morgens direkt nach dem Aufstehen, so kann sie uns in den Tag begleiten und uns direkt am Beginn eine heilsame Sichtweise zuteil werden lassen.

Abends nach der Arbeit sich irgendwo abgeschieden hinsetzen und in sich hineinfühlen, ist eine schöne Ergänzung und lässt uns den Arbeitstag sinnvoll zu Ende bringen, um ihn dann loslassen zu können. Wir gleiten erfüllt in den Abend und können uns anderem zuwenden. Das ist eine schöne Nachwirkung der Meditation, wir können auch danach in ihr bleiben, und in der Ruhe des Augenblicks ergeben sich Lösungen von selbst, ich brauche nicht daran zu denken.

Es gibt auch eine andere Form der Meditation, die obige gut ergänzt: Im wildesten Alltag, in dem wir keinen Moment zur Ruhe kommen, versuchen wir etwas Neues: Wir achten einmal genau auf das, was wir tun, wie wir es tun, was wir fühlen, und denken an nichts anderes. Wir beobachten uns selbst dabei, wie wir agieren, wir sehen uns quasi selbst zu, was wir tun. Auch hier vergessen wir unseren Atem nicht, es ist wichtig, auf unsere Mitte zu achten.

Indem wir nur ganz da sind, wo wir sind, können wir inmitten aller Hektik eine innere Ruhe entwickeln, die uns alle Kraft schenkt, die wir brauchen, und wir können es aus uns selbst heraus. Was für ein schönes Gefühl, sich selbst eine Insel sein zu können, es ist der Himmel auf Erden, wer weiß, vielleicht ist er es wirklich.

Um nicht wieder im alten Trubel unterzugehen, ist es von großem Vorteil, diesen Weg nicht allein zu gehen. Es gibt Seminarhäuser und Klöster, die Meditationen in unterschiedlichen Formen anbieten, zunächst als Einführung, später als regelmäßige offene oder geschlossene Gruppen. Der Vorteil ist nicht nur das regelmäßige Üben, sondern auch der geistige Austausch und das Teilen der Erfahrungen beim Meditieren. Ich möchte darauf nicht mehr verzichten, es ist ein fester Bestandteil meines Lebens geworden. Es ist auch schön zu sehen, wie viele Menschen aus allen Berufsgruppen sich schon auf den Weg gemacht haben, und es ist eine Freude, dabei zu sein.

Außerdem gibt es mittlerweile (nicht nur) im deutschsprachigen Raum private Meditationsgruppen, die mit einigen Gleichgesinnten bei sich zu Hause meditieren und gerne neue Gesichter aufnehmen.

Noch ein Wort zur inneren Haltung: Wir sollten nichts glauben, sondern alles ausprobieren und entdecken, ob es uns entspricht oder nicht. Nur wenn wir es direkt erfahren, können wir wissen, dass es wirklich wahr ist. Alles andere wird immer bestenfalls eine nette Nebenbeschäftigung sein, aber nicht zu uns gehören. Die Wahrheit wiederum können wir aber nur entdecken, wenn wir nach innen schauen und uns selbst beobachten.

Dazu gehört auch die einfache Erkenntnis, dass wir verwundbar sind, bleiben und jetzt vielleicht noch mehr sein werden. Das Leben bedeutet ständigen Wandel und ständigen Abschied. Leben bedeutet zunächst einmal schlicht und ergreifend Leiden. Wir können dem Leiden als solchem nicht ausweichen, denn gerade das Ausweichen-

Wollen verursacht das nachhaltige Leiden. Und wenn wir ehrlich gegenüber uns selbst sind, erkennen wir auch, dass wir bewusst oder unbewusst unser ganzes Leben damit verbracht haben, Leiden vermeiden zu wollen.

Wenn wir das nicht mehr wollen, sondern es bewusst annehmen und fühlen können, ohne es zu bewerten und zu beurteilen, und einfach feststellen, dass es da ist, dann kann es sich transformieren und seinen Sinn erfüllen: uns zu verändern, wo es notwendig ist. Wir können dankbar für alles Leiden in unserem Leben sein, weil es unser bester Lehrer, unsere beste Lehrerin ist. Dort, wo wir es besonders stark fühlen, lernen wir, etwas loszulassen von unserem Ich, ein Teil von uns sterben zu lassen und zu erkennen, dass wir nicht ärmer, sondern reicher geworden sind.

Je mehr wir in unserem Leben loslassen können, umso reicher sind wir, umso freier können wir agieren, weil wir weniger zu verteidigen haben. Alles andere ist nur Gezeter, was nach langem Verweigern doch zum gleichen Ergebnis führt, nämlich zu dem, dass wir loslassen müssen und uns einfach nichts von dem fehlt, was wir wirklich brauchen. Ganz im Gegenteil, in unserem Leben beginnt immer wieder etwas Neues, das uns ein Stück weiterbringt, nachdem wir etwas anderes beendet haben bzw. in uns beendet wurde.

Im Bewusstsein dieser neuen Sichtweise drängt sich uns etwas anderes auf. Wir entdecken in uns die Dankbarkeit neu. Es gibt keine schönere, keine wirkungsvollere, keine positiver stimmende Meditation als einfach das Wort „Danke" zu sagen, für was es auch sei. Mit dem Wort verweilen wir völlig im Augenblick, bejahen den Moment und spüren vollkommen in ihn, in uns hinein.

Gerade für die unangenehmen Dinge in unserem Leben sollten wir einfach einmal üben, „Danke" zu sagen, bis wir es selbst annehmen können: Es findet eine Wandlung in uns statt, die tief greifender nicht sein könnte. In dem wir dieses selten gewordene Wort denken oder aussprechen, nehmen wir auf einmal unser Leben an, übernehmen dafür die Verantwortung, in dem Bewusstsein, nicht für alles verantwortlich zu sein.

„Wir sind eine eigene Welle, aber doch untrennbar mit dem Meer verbunden." (Thich Nhat Hanh)

Diese Erfahrung der Einheit ist das Endziel der Meditation, hier erübrigen sich alle weiteren Fragen, Probleme und Sorgen, weil wir sie nicht mehr von unserem begrenzten Ich aus sehen, nicht mehr sehen brauchen. Und wir entdecken ein weiteres Mal: Die einzige Aufgabe in unserem Leben ist es, präsent zu sein, im Augenblick zu verweilen.

Erst daraus ergibt sich alles Weitere für unser Leben, und ich wünsche jeder Leserin, jedem Leser von ganzem Herzen, dass er/sie sich bald an diesem Punkt wiederfindet. Hier ist der eigentliche Beginn unseres Lebens, hier finden wir unser eigentliches Zuhause, hier beginnt unser eigentlicher Weg, hier finden wir uns selbst und unsere Mitmenschen, hier gibt es diese Trennung überhaupt nicht mehr.

Hier entdecken wir, wie wenig wir zum wirklichen Leben brauchen, wie viele eingefahrene Rituale wir im Leben loslassen können, wie viele Ansichten völlig nutzlos sind, wie viele Überzeugungen uns nicht mehr zu überzeugen vermögen, wie viele Strategien unseres Lebens in Wahrheit kopflos sind, wie viele Konzepte uns total aus dem Konzept bringen, wie viele Glücksbringer uns unglücklich machen, wie viele Lebenserleichterungen uns das Leben schwer machen, zu wie vielen Menschen mit aufrichtigem Anliegen wir unmenschlich waren, wie viel Leid wir bei uns und andern geschaffen haben, indem wir Leid vermeiden wollten, aber auch wie viel Glück wir in unserem Leben und dem anderer geschaffen haben.

Und wir erkennen, dass wir fähig sind, ohne Ansichten zu leben, nur aus der Erfahrung heraus: Wir müssen nicht glauben, sondern können erfahren, wir müssen uns nicht gegen die Welt zur Wehr setzen, sondern dürfen uns in ihr erfahren. Wir müssen nicht aufpassen, keine Fehler zu machen, wir müssen nicht alles planen, sondern können im Hier und Jetzt leben.

„...und ich möchte Sie, so gut ich kann, bitten, Geduld zu haben gegen alles Ungelöste in Ihrem Herzen und zu versuchen, die Fragen selbst *lieb zu haben wie verschlossene Stuben und wie Bücher, die in einer fremden Sprache geschrieben sind. Forschen Sie jetzt nicht nach Antworten, die Ihnen nicht gegeben werden können, weil Sie diese nicht leben könnten. Und es handelt sich darum, alles zu leben.* Leben *Sie jetzt die Fragen. Vielleicht leben Sie dann allmählich, ohne es zu merken, eines fernen Tages in die Antwort hinein."*

RAINER MARIA RILKE

Weniger planen – mehr im Hier und Jetzt leben

Die meisten Menschen meinen, wenn Sie nur gut genug vorsorgen und weit genug in die Zukunft denken, dass es Ihnen dann gut geht und sie die unangenehmen Seiten des Lebens möglichst weiträumig umfahren können, wie man einen Stau umfährt.

Nun geht es hier nicht darum, dass wir alles stehen und liegen lassen und uns um nichts mehr kümmern. Das ist es nicht.

Aber ist es nicht so, dass wir uns, wenn wir so denken, ein Stück weit dem Leben verschließen und nur an die Zukunft denken, anstatt im Augenblick zu sein? Die Zukunft ist noch nicht da, die Vergangenheit ist vergangen, und ob wir es wollen oder nicht, wir haben nur den jetzigen Augenblick. Und ganz präsent in jedem Moment verweilend, erschließt sich uns unsere eigene Zukunft, die für uns bestimmt ist, ohne dass wir uns sorgen müssen.

Es führt uns zu einer viel ausgefüllteren Lebensweise, ganz den Augenblick auszukosten, sei er traurig oder glücklich, hektisch oder ruhig, jeder Moment ist gleich viel wert und hat einen besonderen Sinn in unserem Leben.

In diesem Moment ist alles enthalten, was wir brauchen. Es gibt nichts hinzuzufügen und nichts wegzudenken, es ist ganz unser Moment. Hier und nur hier liegt die Erfüllung im Leben, darin, sich ganz dem Augenblick hinzugeben. Hier können wir die ganze Fülle des Lebens auskosten. In der Bandbreite zwischen Glück und Leid erfahren wir, wie viel wir ertragen können, wer wir sind und wie wir und unsere Welt funktionieren.

Was uns unglücklich macht, ist immer schon drei Schritte in die Zukunft zu denken, und dabei nicht zu bemerken, dass die Lösung immer aus dem gegenwärtigen Augenblick entsteht. Wir brauchen nicht auf die Zukunft zuzugehen, die Zukunft kommt zu uns in die Gegenwart, wenn wir Letztere denn nicht verpassen.

Der erste Schritt dahin besteht darin, dass wir uns so annehmen, wie wir sind. Es geht nicht darum, dass wir uns nun bessern müssen, sondern wir freunden uns mit uns an. Wir beobachten uns, wie wir unruhig sind, aus dem Augenblick ausbrechen. Wir bewerten nichts, tun nichts aktiv, sondern lassen alles wie einen Film ablaufen, warten regelrecht ab, wie wir reagieren, und bemerken erstaunt, wie wir nach und nach ruhig werden und richtig handeln, ohne uns dafür anstrengen zu müssen – wir sind einfach präsent.

Zufrieden mit dem zu sein, was wir im Augenblick haben und was uns zur Verfügung steht, ist der Schlüssel zu einem wirklich inspirierten Lebendigsein ohne Einschränkungen.

Dagegen sind Groll und das Gefühl, zu kurz zu kommen, über die eigene Situation missmutig zu sein, mit dem unzufrieden zu sein, was man ist, wo man ist, wer man ist, der beste Garant, am Leben vorbeizulaufen und nicht zu erkennen, wie reich man beschenkt worden ist.

Es nützt jedoch auch nichts, wenn wir versuchen, unsere negativen Anteile loszuwerden. Sie gehören untrennbar zu uns und sind fest mit unseren guten Eigenschaften verknüpft. Der Unterschied ist nur, dass wir sie ab nun nicht mehr als notwendiges Übel in uns erleben, sondern uns dabei beobachten, wie wir sie leben und wie sie dadurch mit der Zeit verschwinden.

Wir brauchen auch nicht zu versuchen, alles, was wir beobachten, unmittelbar verstehen zu wollen. Wir stellen ruhig alle Fragen, wissend, dass sie wohl nicht im Augenblick, aber irgendwann beantwortet werden, wenn wir aufmerksam genug sind, irgendwo kommt die Antwort auf uns zu.

„Die Antwort ist immer die Erkenntnis unserer Verwandtschaft mit der ganzen Menschheit.
Wir erkennen, dass wir an allem teilhaben, was alle anderen haben und sind. Der Weg, mit uns selbst Freundschaft zu schließen, hat nichts mit Selbstsucht zu tun. Wir versuchen nicht, alles Gute für uns selbst herauszuschlagen. Es handelt sich vielmehr um einen Prozess, liebende Zuwendung und echtes Verständnis auch in Bezug auf andere Menschen zu entwickeln."

PEMA CHÖDRÖN

Schöpfer unserer Realität

Energie fließt dorthin, worauf unsere Aufmerksamkeit gerichtet ist. Die so fokussierten Punkte in unserem Leben erschaffen die Realität, in der wir leben. Mit anderen Worten: Es passiert immer das, wovor wir uns am meisten fürchten. Unbewusst ist uns das längst klar, deswegen steht es hier einmal schwarz auf weiß, um es bewusst zu machen.

Wir wollen jedoch noch einen Schritt weitergehen. Wir erkennen, dass wir, wenn wir ganz bei uns selbst sind und im Augenblick verweilen, nicht selbst tun und agieren müssen, logisch denken und Entscheidungen treffen oder Verantwortung tragen müssen, die wir gar nicht wollen. Wir brauchen nicht alles auf einmal zu schaffen, wir brauchen uns keine Sorgen zu machen, denn dadurch verhelfen wir ihnen erst ins Leben.

Was müssen wir denn dann überhaupt noch tun? Wir sind ganz präsent im Augenblick, ganz im Hier und Jetzt, fühlen in unseren Körper, in unsere Stimmung, in unsere Verkrampfungen und Befürchtungen, aber lassen uns nicht davontragen, sondern beobachten unsere Gedanken wieder wie vorbeiziehende Tiere auf einer Lichtung, die wir von einem Hochsitz aus betrachten.

Wir bewerten keinen Gedanken als gut oder schlecht, wir schämen uns keiner Gedanken, wir fühlen uns nicht schuldig, haben kein schlechtes Gewissen und bewerten nichts, entwickeln keinen Zorn, sondern lassen sie einfach nur fließen.

In allem anderen bemerken wir, dass wir in der Falle sitzen, indem wir uns ständig selbst bewerten oder mit einem schlechten Gewissen herumlaufen. Sind wir so ärmliche Kreaturen, dass wir alles an uns kritisieren müssen? Wer hat uns das eingeredet? Alles unterliegt unserer Bewertung, nichts ist so gut, wie es geschieht.

Dem würde in Wahrheit eine gewaltige Selbstüberschätzung (weil wir ja immer toll sein müssen), paradoxerweise verbunden mit einer nagenden Unsicherheit, zugrunde liegen.

In dem Moment des Zulassens erkennen wir, dass wir nicht agieren, sondern in uns agiert wird, es geschieht in uns, es macht etwas in uns, wir sind eins damit, alle verstandesmäßigen Gedanken lösen sich auf, intuitiv taucht ein Lösungsbild vor uns auf, dem wir einfach folgen, ihm nichts hinzufügen und nichts wegzunehmen brauchen, es ist die Lösung für den Augenblick, für den Tag, für die entsprechende Entscheidung, für unser Leben.

Wir sind Teil einer göttlichen Schöpfung, wir haben Anteil an ihr und wir dürfen es. Mit den vielen Sorgen und Bewertungen können wir nur dagegen arbeiten, das Richtige geschieht von selbst, wenn wir lernen, zu sein anstatt zu tun. Im Sein tun wir dann das Selbstverständliche, das Richtige, und ruhen in uns selbst, erfüllt davon, dass wir nicht allein sind, sondern im Gegenteil Teil eines Ganzen.

Hier findet sich kein Für und Wider, kein Abwägen und Beweisen, keine Angst vor Einwänden. Es ist der Frieden mit allem, den man nicht mit dem Verstand abwägen kann, sondern nur erfährt.

Diese Gedanken sind nichts Neues, sie sind weit über zweitausend Jahre alt, aber ich durfte sie während meines ganzen Studiums und während meines gesamten Berufslebens nicht einmal vernehmen. Warum ist das so?

Es ist die Wahnvorstellung, dass wir alles selbst erreichen müssen, dass wir die höchsten Wesen des Universums sind, dass wir alles durch unseren Verstand bewältigen können, dass wir die Kontrolle über alles haben müssen.

Wir müssen uns nicht verteidigen (probieren Sie es einmal aus), wir brauchen andere nicht zu vereinnahmen und uns nicht vereinnahmen zu lassen. Wir brauchen uns und anderen keine Illusionen zu erschaffen und uns nicht von Illusionen blenden zu lassen. Wir brauchen uns nicht durch Fremdbestimmung, Diffamierung und falsche Versprechen irritieren zu lassen. Wir brauchen keinen Ehrgeiz und keine Ellenbogen. Wir müssen uns durch andere nicht die Anerkennung versagen und durch verworrene Anweisungen uns nicht daran hindern lassen, gute Arbeit zu leisten. Wir brauchen keine Angst vor Kollegen zu haben und keine Rachegedanken zu pflegen: Das alles ist verlorene Zeit.

Wir sind und haben alles, was wir brauchen. Vielleicht fehlt uns zu dieser inneren Einstellung der Mut, das Selbstbewusstsein, die Eigenliebe, die Liebe der anderen, das vermeintlich nötige Geld, die vermeintlich nötige Zeit? Oder leben wir einfach in einer schlechten Welt?

Fangen wir bei uns selbst an – aber anders als Sie vielleicht denken. Wir machen uns keine Vorwürfe, werden nicht zornig auf uns, sind nicht schuldig und haben kein schlechtes Gewissen.

Aber wir sind da, einfach da. Wir lösen nichts, wir denken nichts, sondern beobachten unsere Gedanken, achten auf unseren Atem: ein, aus, ein, aus, ein, aus.

Der Atem führt Körper, Geist und Seele zusammen. In der Einheit liegt die Ruhe, liegt die Kraft, die aus uns selbst kommt, die wir nicht erschaffen müssen, die einfach da ist, die in uns wirkt, wenn wir sie lassen.

Wir schaffen uns sicher unsere eigene Realität, aber es gibt eine Realität, an der wir teilhaben dürfen, die wir nicht zu verändern und zu schaffen brauchen, in der wir nicht zu fürchten und zu bangen brauchen, in der wir nicht effektiv sein müssen, weil wir nicht effektiver sein könnten.

Um uns auf diese neue innere Haltung wirklich einlassen zu können, brauchen wir Vertrauen.

Vertrauen wieder neu erlernen

Erinnern Sie sich noch, wie Sie als kleines Kind voller Vertrauen auf Vater und Mutter ohne Sorgen gelebt haben, in einer heilen Welt? Natürlich haben Sie es damals nicht so klar empfunden, sondern vermutlich auch schon ihre eigenen Sorgen und Ängste gehabt, die sie tragen konnten, genau wie Sie heute Ihre Sorgen und Ängste tragen können, ohne das etwas passiert.

Ist Ihnen schon einmal aufgefallen, dass selbst dann, wenn Sie meinten, jetzt ist es aber endgültig zu viel, ich kann nicht mehr, es trotzdem immer weiterging, und sich letztendlich alles zum Guten gewendet hat? In der Situation selbst verstehen wir oft nicht, warum wir das durchmachen müssen, aber später, vielleicht erst nach vielen Jahren, erkennen wir, das genau das uns auf unserem Weg zu neuen Ufern geführt und uns innerlich das nötige Stück weitergebracht hat.

Oder glauben Sie etwa immer noch, dass Sie auf der Erde leben, damit alles glatt geht, Sie eine gute Figur machen oder Sie die klassische Musterfamilie vorweisen können? Oder gar dafür, dass Sie das größere Auto haben, sich besser durchsetzen können oder sich von keinem ans Bein pinkeln zu lassen brauchen?

Wenn Sie sich z.B. ein neues Auto gönnen, ist diese ursprüngliche Freude nach etwa 100 Kilometern zur Selbstverständlichkeit geworden, bei den ganz hartnäckigen vielleicht nach 1000 Kilometern. Dann ist es endgültig in unseren Besitz übergegangen und wir schauen nach neuen Ablenkungen. Natürlich ist es etwas Schönes, sich ein neues Auto zu kaufen, aber es ist verhängnisvoll, dort wirkliche Freude zu suchen und es für das eigentliche, erstrebenswerte Glück zu halten. Das ist ja alles klar, oder? Warum leben wir dann nicht danach und halten einen Moment inne, um uns zu besinnen?

Das eigentliche Glück liegt nicht und niemals im Erreichen äußerer Erfolge, sondern im Vertrauen darauf, dass das Richtige mit einem passiert und dass wir zur richtigen Zeit am richtigen Ort sind, in der Welt aufgehoben sind und nichts darüber hinaus brauchen. Hier können wir uns darüber freuen, wenn es uns gut geht in dem Wissen, dass alles zu unserem Besten geschieht.

Es ist wohl so, dass wir unsere innere Unzufriedenheit oft an äußeren Dingen festmachen. Natürlich macht es etwas aus, wenn wir uns eine vernünftige Wohnung, ein schönes Haus leisten können. Natürlich ist es angenehmer, wenn man nicht dauernd das Gefühl hat, der Wagen könnte auf der Straße liegen bleiben. Natürlich tut es gut, im Urlaub nicht auf den Euro gucken zu müssen. Das alles ist angenehm. Aber bei all dem vergessen wir zu leicht, dass die Freude über das Erreichte immer nur einen Moment anhält und dann schon wieder Mängel sichtbar werden und Gewöhnung eintritt, und das geschieht immer.

Ich bin noch nie so ängstlich Auto gefahren wie mit meinem jüngst erstandenen neuen Auto, das auch noch der Auftakt zu einer neuen Serie war: Ist das Geräusch normal, zieht der Wagen noch so gut wie nach der Inspektion, hoffentlich hat mir keiner eine Beule an das parkende Stück gemacht, und, und, und?! Die Sorgen bleiben immer die gleichen.

Als ich ein altes Auto hatte, hatte ich Angst, dass es die Strecke nicht mehr schafft, dass es Öl verliert, dass schon wieder der Tank undicht ist ... Als ich kein Auto hatte (es war nicht meine schlechteste Zeit), hatte ich Sorge, zu viel Zeit im Zug zu sitzen, nicht beweglich genug zu sein, schlecht vom Bahnhof wegzukommen ...

Das Ergebnis: Der äußere Zustand ist nicht dafür verantwortlich, ob wir mehr oder weniger Sorgen haben. Auf gleiche Weise könnte ich auch das Thema Geld durchspielen: Es ist einfach nicht die ganze Wahrheit, dass wir mehr oder weniger Sorgen haben, wenn wir weniger oder mehr Geld haben, die Wahrheit ist, dass wir uns immer Sorgen machen, ganz gleich, wie viel Geld wir haben! Denken Sie nur einmal an Ihre letzte Gehaltserhöhung: Wie lange haben Sie sich *wirklich* daran gefreut und wann haben Sie wieder an die nächste Stufe gedacht? Vermutlich noch während des Gespräches mit Ihrem Vorgesetzten.

Es ist auch nicht die ganze Wahrheit, dass wir glücklicher sind, wenn wir einen Partner haben. Das denken wir, wenn wir keinen haben. Wenn wir einen haben, ist die Freude groß. Aber anfangs nagt vielleicht die Unsicherheit, ob es der oder die Richtige ist, nach dem ersten Verliebtsein folgt unwillkürlich die Ernüchterung, irgendwann später das erste Schielen auf andere potenzielle Partner ... Wie viele verheiratete Singles gibt es, die sich nach einem neuen Partner sehnen?

Genauso ist es mit dem schönen Haus: Nach dem Kauf fragen Sie sich, war das nicht zu teuer, ist auch alles in Ordnung, kann ich auch immer genug verdienen, müssen wir nicht irgendwann umziehen ...? Die ganze Planung und der Einrichtungsstress haben schon manche Paare an den Rand der Trennung gebracht und darüber hinaus, für eine Sache, die eigentlich Zusammengehörigkeit garantieren sollte.

All diese Werte sind schön, wenn man sie hat. Aber das Streben danach, dieses sich davon Abhängig-Machen, das Projizieren der inneren Unzufriedenheit auf diese Werte sind eine Falle und schreckliche Lebenslüge zugleich.

Wir machen uns immer Sorgen! Und diese liegen ganz bei uns, nicht außerhalb.

Es ist nicht wahr, dass unser inneres Glück von Partner, Kinder, Haus und Auto abhängt. Aber es wird uns so (von außen!) vermittelt, dass wir gar nicht mehr beobachten, dass wir uns nur Sorgen um die Sorgen machen sollten, denn wir haben sie auf alle Fälle, wir werden sie niemals los, es sein denn, wir lassen sie los, ohne Wenn und Aber. Das geht natürlich nicht so einfach. Seine Gewohnheiten verändern zu wollen, kommt dem Versuch gleich, einen ICE mit dem kleinen Finger anhalten zu wollen.

Aber es gibt einen Weg, schließlich haben wir auch all die Jahre gelernt, das zu sein, was wir bis heute sind. Nur dass wir hier an eine Grenze kommen: Was wir auch machen, es bleibt immer eine heimliche innere Leere zurück, die wir uns erst einmal bewusst machen müssen.

Es ist nicht normal, das Glück (zumindest) gedanklich bei einem anderen Partner zu suchen, es ist nicht normal, im Beruf nur dann zufrieden sein zu können, wenn alles glatt läuft, es ist nicht normal, immer etwas an sich auszusetzen zu haben, es ist nicht normal, nie etwas an sich auszusetzen zu haben, es ist nicht normal, dass es „im Moment" zu viel ist (weil es fast immer zu viel ist), es ist nicht normal, wenn wir „im Moment" so angespannt sind (weil wir es fast immer sind). Es gibt ständig irgendetwas zu tun und auszusetzen, und wir schieben es ebenfalls ständig auf irgendetwas außerhalb von uns. Aber es ist nur und ausschließlich bei uns.

Die glücklichsten Momente in unserem Leben waren häufig die ganz einfachen, in denen wir ganz bei uns waren, die, in denen wir nichts wollten, nichts haben mussten, einfach sein konnten, das Leben einfach erfahren konnten, annehmen konnten, uns mit dem Leben als eins betrachten konnten. Es sind die Momente, in denen wir einfach nur das tun, was wir tun, und sonst nichts. Samstagmorgens ohne Zeitdruck den Kaffee aufsetzen, zu Fuß oder mit dem Rad Brötchen holen und die frische Luft bewusst riechen, abends einfach draußen auf einer Bank sitzen und den Geräuschen der Natur lauschen oder im Winter die Schneeflocken fallen sehen.

Es sind die Momente, in denen wir uns eins mit unserer Umwelt fühlen, wir sind einfach da und tun eigentlich nichts, sondern erleben uns beim Tun, und das ist etwas ganz anderes. Diese Einheit mit dem Leben, der Welt, ist etwas Einfaches und trotzdem etwas ganz Besonderes.

Es ist das Vertrauen, dass wir zur richtigen Zeit am richtigen Ort sind, dass wir in der Welt aufgehoben sind und dass uns eigentlich nichts passieren kann. Dieses Gefühl haben wir uns lange nicht mehr klar gemacht, es existiert nur in unserem Unterbewusstsein, wir fühlen es, aber können es nicht mehr ausdrücken.

Diese besonderen Momente, die uns geschenkt werden, sind immer dann da, wenn wir ganz im Augenblick verweilen, nur im Hier und Jetzt, voller Vertrauen, dass das Richtige passiert, ganz gleich, was passiert. Diese Momente des völligen Loslassens verbinden unser vermeintlich so selbstbewusstes Ich mit unserem wahren, inneren Selbst, verbinden die Welle mit dem Meer. Wir sind eins mit der Welt, ob wir es wollen oder nicht. Wir können ohne die Welt nicht existieren, und die Welt wäre ohne uns nicht das, was sie ist.

In uns wohnt eine tiefe Sehnsucht nach Sinn. Bewusst oder unbewusst spüren wir, dass da noch etwas sein muss. Die Sucht nach Sorgen bestärkt uns darin, zu suchen und Frieden zu finden. Wir brauchen es nicht zu verstehen, wir brauchen es nicht zu analysieren, aber es ist wichtig, sich dessen bewusst zu werden. In dem Moment, in dem wir loslassen, entstehen das Vertrauen, die Verbundenheit, das Einssein.

Der Friede, die innere Freude, ohne Abhängigkeit vom Außen, aber nicht ohne Bezug auf das Außen, das

Einssein mit dem Gegenüber, keine Unterscheidung zwischen es und ich, keine Unterscheidung zwischen groß oder klein, hoch oder tief, gut oder schlecht, sondern einfach das Annehmen und Bejahen, so wie wir uns selbst annehmen, weil es da auch keinen Unterschied gibt. Denn so, wie wir den anderen annehmen, nehmen wir auch uns an, in diesem Moment können wir uns im Gegenüber sehen, in diesem Moment sind wir gleichzeitig es und wir selbst. Hier ist Friede, Außen und Innen werden bedeutungslos, hier liegt die Auflösung von allen äußeren Unterschieden, sie werden bedeutungslos.

In diesem Wissen können wir auch scheinbare Rückschläge ertragen, die es im eigentlichen Sinne nicht gibt, gerade die schwierigsten Situationen in unserem Leben haben uns häufig am weitesten gebracht, oder wir waren besonders stolz darauf, dass wir es überstanden haben.

Denn das alles war nur die obere Schicht, die mit dem inneren Leben nichts zu tun hat. Ist es nicht genau so, dass jeder vermeintliche Misserfolg Sie im Leben ein Stück weitergebracht hat, Ihnen gezeigt hat, worauf es wirklich ankommt, nämlich darauf, mit sich selbst im Reinen zu sein, sich selbst zu genügen und nicht ständig woanders nach Befriedigung zu suchen? Sie würden sie auf Dauer nicht finden, jede gewollte Befriedigung ist wieder mit Leid verknüpft.

Und jetzt sind wir an dem Punkt, wo wir die beschriebenen besonderen, geschenkten Momente nicht zu ersehnen brauchen, sondern wo uns bewusst wird: Jeder, wirklich jeder Moment in unserem Leben wird uns geschenkt. Wir erleben es bewusst, wenn wir achtsam im jeweiligen Augenblick verweilen, nur dort sind, nur tun, was wir tun, ohne Vergangenheit und ohne Zukunft, nur im jetzigen Augenblick: Wir haben Vertrauen.

In diesem Moment haben wir die Kraft, das zu tun, was wir für richtig halten. Wenn wir unserer Intuition folgen, noch mehr, wenn wir in dem sicheren Wissen handeln, dass alles, was uns passiert, uns nicht zufällig passiert, dass wir unseren Weg gehen, wenn wir es nur zulassen, dann haben wir zu uns selbst gefunden, dann haben wir den Mut, das zu tun, was uns entspricht. Dann brauchen wir nicht mehr möglichst viel zu schaffen, es würde den Energiefluss nur behindern. Wir brauchen auch nicht mehr effektiv zu sein, weil Effektivität dem Leben schlechthin zu Eigen ist, wenn wir es nur (los)lassen.

Dein Händedruck

„Lass mich nicht darum bitten,
von Gefahren verschont zu werden,
sondern darum, ihnen furchtlos zu begegnen.
Lass mich nicht für die Linderung
meines Schmerzes bitten,
sondern für die Kraft des Herzens,
sie zu überwinden.
Lass mich nicht ängstlich nach Erlösung flehen,
sondern nach der Geduld,
meine Freiheit zu gewinnen.
Mach, dass ich kein Feigling bin,
der Deine Gnade nur in seinem Erfolg erkennt,
sondern lass mich Deinen Händedruck
in meinen Niederlagen finden."

TAGORE

Erwartungshaltung aufgeben

Unser Leben passiert täglich neu. Tausend neue Erlebnisse jeden Tag, mit deren Verarbeitung wir voll und ganz beschäftigt sind, aber wir müssen noch eins draufsetzen:

Wir erwarten dies, wir erwarten jenes, und plötzlich ist unser Tag voll von Forderungen, die erfüllt werden müssen. Werden sie nicht erfüllt, sind wir enttäuscht, ganz gleich, wie deren Nichterfüllung aussieht, ganz gleich, ob diese Nichterfüllung uns bei genauer Betrachtung viel näher kommt. Erwartungshaltung bedeutet immer auch, sich im Recht zu fühlen. Recht haben lässt keinen Austausch zu, und so bin ich natürlich immer im Recht, und natürlich immer enttäuscht!

Gerade wenn wir nicht offen sind für das tägliche Geschehen, das sich ganz natürlich von selbst ergibt, wenn sich dieser Austausch mit anderen nicht ungehindert entfalten kann, fangen wir an, darauf zu achten, was wir geben und was wir dafür bekommen. Hier schließt sich abermals der Kreis, unsere Erwartungshaltung nährt sich selbst. Und je öfter wir enttäuscht werden, umso grimmiger erwarten wir, dass unsere Ansprüche erfüllt werden, bis sich ein solcher Berg von unerfüllten Forderungen aufgebaut hat, dass wir nichts mehr um uns herum wahrnehmen können.

Dann ist echte Unzufriedenheit da, wofür selbstredend die anderen verantwortlich sind. Das, was uns entgegengebracht wurde, konnten wir nicht sehen.

Dass die meisten auf ihre Weise versuchen, das Beste zu geben, und dass wir nicht zufällig auf Menschen treffen, bemerken wir nicht. Jeder Mensch, der unseren Weg kreuzt, hat eine Botschaft für uns, unsere Aufgabe ist es, diese Botschaft in Empfang zu nehmen und zu verarbeiten.

Unsere innerste Befürchtung, dass das eigentlich Selbstverständliche nicht eintreten könnte, hat eine Erwartungsspannung aufgebaut. Wir brauchen Mut, andere so zu sehen, wie sie sind. Dafür bekommen wir etwas von ihren Fähigkeiten geschenkt. Etwas anderes hat keiner zu geben, alles andere ist eine Vergewaltigung unseres Gegenübers. Jeder arbeitet auf seine Art und Weise, das gilt es zunächst einmal zu respektieren. Das Gegenteil von Erwartung ist Klarheit, Frische, Offenheit, Lebendigkeit, Freiheit. In diesem Umfeld entsteht nicht nur Freude, sondern Stärke und Energie.

Und auf einmal entdecken wir, dass zu erledigende Aufgaben viel besser bewältigt werden können.

Erwartung ist auch das Gegenteil von Vertrauen. Je weniger Vertrauen wir haben, desto weniger funktioniert es in unserem Leben, bei großen Projekten und in kleinen Aufgaben. Erwartungen loslassen zu können, heißt nicht, alles aufzugeben und laufen zu lassen. Es heißt, mit positivem Vertrauen an eine Aufgabe heranzugehen, in der Gewissheit, dass sich alles Nötige zu deren Erfüllung finden wird.

Vertrauen bewirkt eine große Autorität, ihre Ausstrahlung ist intensiver als jede von oben getroffene Maßnahme. Das Vertrauen in das Leben führt uns zu einer unerschütterlichen Integrität, weil ich nur Vertrauen habe, wenn ich mir selbst treu bleibe. Das Vertrauen in andere folgt dann auf dem Fuße. Wenn ich dem Leben und mir vertraue, kann ich auch anderen vertrauen. Das heißt nicht, dass wir nicht mehr enttäuscht werden.

Wir können nun aber, ohne zu verurteilen, objektiv Mängel aufzeigen, ohne den anderen in seiner Leistung und seiner Person zu schmälern. Es entsteht eine offene Kommunikation, die hilfreich und förderlich ist, die sinn- und produktivitätsstiftend ist, die nicht hierarchie-, sondern erfahrungsgebunden ist.

Die Ausstrahlung dieses Vertrauens verwandelt und schafft eine gesunde Verbindlichkeit. Sie sagt mehr, als Worte es je könnten. Dies ist eine harte Übung für uns, die zunächst mit Loslassen (das heißt nicht mehr erwarten) verbunden ist. Wenn wir dann den Ballast abgeworfen haben und wir wieder klar sehen können, sehen uns auch die anderen klar.

Verteidigung ist verlorene Zeit

Nichts ist schrecklicher, als ständig das Gefühl zu haben, sich verteidigen zu müssen. Habe ich das oder jenes auch richtig gemacht, habe ich nichts vergessen, kann mich niemand dafür angreifen? Habe ich nichts unversucht gelassen, alle Möglichkeiten bedacht, mein Bestes gegeben, mit den richtigen Leute gesprochen? Habe ich meinen Verantwortungsbereich nicht überschritten, oder habe ich zu wenig Entscheidungen getroffen?

Mit diesen Fragen kann man sich selbst ins Bockshorn jagen, man wird mit der Zeit verrückt. Das Interessante daran ist, dass je mehr ich der wasserdichten Beantwortung dieser Fragen nachgehe, diese Fragen auch tatsächlich gestellt werden. Je mehr ich versuche, kritische Fragen an mich zu vermeiden, desto häufiger brauche ich Antworten. Probieren Sie es einmal aus. Es ist, als wenn ich mir nicht trauen würde und mich mein Spiegelbild all diese Fragen stellen lassen würde.

Die Wahrheit ist, dass man jede Tätigkeit mit ein bisschen schlechtem Willen und ebensolchen Fragen in Zweifel ziehen kann. Genauso gut kann man das Gleiche mit der Umwandlung dieser Fragen in Lob umgestalten: Sie haben wirklich nichts unversucht gelassen, alle Möglichkeiten bedacht, genau die richtigen Entscheidungen getroffen ...

Woran liegt es nun, dass Tätigkeiten so unterschiedlich bewertet werden können? Es ist ganz wichtig, dass wir uns ein größeres Selbstverständnis zu Eigen machen. Selbstvertrauen heißt, sich selbst zu vertrauen. Selbstbewusstsein heißt, sich selbst bewusst zu sein.

Wenn wir in uns ruhen, nicht ständig an uns zweifeln, sondern darauf vertrauen, dass wir das Richtige tun, bringen wir uns aus der alltäglichen Zwickmühle heraus. Nicht aktiv wollen, sondern innehalten und in sich selbst hineinhorchen, zur Ruhe kommen und unnötigen Aktivismus vermeiden – in dieser Ruhe liegt innere Kraft.

Das zu üben, erfordert viel Disziplin und Fleiß, schließlich haben wir unser bisheriges Leben immer an anderen orientiert. Aber die inneren Zweifel sind wir nicht losgeworden. Also wenden wir uns nach innen, zweifeln nicht mehr an uns selbst. Es ist unmöglich, es allen recht zu machen. Wir brauchen uns niemals zu verteidigen. Wir können nur sagen, wie wir es gemacht haben.

Wenn wir dieses Urvertrauen entwickeln, verstummen viele Fragen von selbst. Die verbleibenden Fragen hören, die Sorge des Gegenübers heraushören und für seine Verantwortlichkeit Verständnis und Liebe aufbringen, auch unser machtvollstes Gegenüber will einfach gehört werden. Das Ende vom Lied wäre ansonsten, dass zwei Menschen, die ihre Aufgabe sehr ernst genommen haben, mit dem Gefühl auseinander gehen, nicht genügend erkannt worden zu sein. Zwei, die ihre Aufgabe wahrscheinlich gut gemacht haben, bleiben unzufrieden zurück.

Wenn jemand partout mit unserer Arbeit nicht zufrieden sein will, sollten wir ihn mit seiner Meinung in Ruhe lassen. Wir können anderen nicht vorschreiben, was sie denken sollen. Viele durch Fragen ausgedrückte Zweifel wollen einfach nur ausgedrückt sein. Wenn wir auf unsere Leistung vertrauen, verstummen solche Fragen mit der Zeit – oder wir sind an der falschen Stelle und bemerken, dass wir woanders hingehören. Dann können wir nur noch dankbar sein, dass andere und wir es bemerkt haben.

Wenn wir uns kritische Fragen oder gelegentlich gar Vorwürfe anhören müssen, poltern wir nicht drauflos, sondern fühlen den Schmerz in uns, lassen ihn ganz zu. Wir fühlen die Angst, nicht angenommen zu sein, die so alt ist wie das menschliche Dasein selbst. Wir gestehen uns diesen Schmerz wirklich ein, kosten ihn ganz aus und verzichten zum ersten Mal darauf, unser Ego zu retten. Wir sind, was wir sind, und wir sind gut so. Wir ruhen in uns selbst. Aus unserem Innersten heraus entsteht eine Antwort jenseits von Richtig oder Falsch, Gut oder Schlecht, vielmehr eine Antwort, die der Sache dienlich ist. Wir haben Vertrauen.

Effektivität ist uneffektiv

Was bedeutet eigentlich Effektivität? Möglichst viel von dem zu erledigen, was man sich vorgenommen hat? Möglichst wenige Umwege in Kauf zu nehmen und immer direkt sein Ziel zu erreichen? In möglichst kurzer Zeit möglichst viel zu verdienen?

Das Instrument der Effektivität ist der Verstand. Er sagt uns immer, was gut und was schlecht ist, was vorteilhaft und was unvorteilhaft ist. Er meldet sich lautstark, wenn etwas nicht in unseren Plan passt, wenn etwas zu lange dauert und wenn unsere Arbeit nicht genug wertgeschätzt wird. Er verschweigt uns nicht, wenn wir unsere Ziele nicht erreicht haben, macht uns Vorwürfe, wenn wir wieder in unsere alten Gewohnheiten verfallen, wieder abends zu lange fernsehen, wieder nicht ohne ein Glas Bier oder Wein auskommen, wieder rauchen oder morgens zu spät aus dem Bett gekommen sind. Er weiß genau, wenn wir unseren Partner vernachlässigen, wenn das Auto zu dreckig ist und wenn wir wieder unsere Arbeit nicht schaffen. Leider belässt er es nicht dabei, sondern macht uns ein dauerhaft schlechtes Gewissen, dass wir das alles in Ordnung zu bringen haben, und zwar *subito*.

So bleiben wir Sklave unseres Verstandes, aber fühlen uns natürlich sehr frei in unseren Entscheidungen, sehr verantwortlich denkend, kommen uns sehr wichtig vor und vor allem äußerst selbstbestimmt. Leider ist nichts von alledem wahr. Die Wahrheit ist, dass uns unser eigener Verstand ständig auf der Nase herumtanzt und uns auch noch weismacht, wir und der Verstand wären ein und dasselbe. Natürlich ist der Verstand ein Teil von uns, aber eben auch nur ein Teil, und nicht alles.

Wenn wir uns als Ganzheit begreifen lernen, als ein Wesen, das Teil eines Ganzen ist, das eine tiefe innere uralte Weisheit besitzt, das ein Mosaikstein des ganzen Universums ist, dann verstehen wir, dass unser kleinliches Streben nach Effektivität, nach rationalem Abarbeiten von Aufgaben und dem ständigen Versuch, unsere Umwelt verstehen zu wollen, nichts als ein Konzept ist, eine stark vereinfachte Abbildung der Wirklichkeit durch unseren Verstand.

Das Primat der Logik verbietet es uns, in unser Innerstes hineinzufühlen, nicht nur unsere Gefühle und unsere innere Stimme zu hören, sondern auch auf etwas Tieferes, nämlich unsere Intuition zu hören, die viel mehr weiß, als unsere Logik an Argumenten und Daten verarbeiten kann. Das können wir leicht daran erkennen, dass wir uns überlegen, wann wir zum letzten Mal etwas getan haben, was wir uns selbst nicht richtig erklären konnten.

Später haben wir dann festgestellt, dass das Getane durchaus zu etwas Gutem geführt hat, was aber aufgrund von Umständen eingetreten ist, die wir vorher nicht kannten, ja gar nicht kennen konnten. Also wer hat die Umstände gekannt? Das könnte ja alles Zufall sein. Ich behaupte jedoch, dass uns so etwas jeden Tag passiert, wenn wir nur darauf achten.

Wie oft im Leben kommen wir durch die scheinbar absurdesten Zufälle zu dem, was gut für uns ist, und sagen nachher: Glück gehabt! Natürlich haben wir Glück, aber nicht in dem Sinne von Zufall, sondern in dem Sinne von Verbundensein mit allem, mit der Natur und allem, was in ihr geschieht. Man könnte es auch als Geführt-Sein erleben.

Damit meine ich, dass ich im Vertrauen auf das, was mir geschehen wird, mich jeden Tag erlebe, mir regelrecht über die Schulter schaue und ohne Anstrengung immer das richtige Wort finde, das Richtige tue, die richtigen Gedanken habe. „Richtig" bemisst sich daran, dass ich am

Ende des Tages, vielleicht am Ende des Jahres, vielleicht auch erst am Ende meines Lebens erkenne, warum ich so und nicht anders gehandelt habe, und dann sehe, dass es völlig in den Zusammenhang passt. Es war nicht gut oder schlecht, nicht dumm oder weise, sondern es hat seinen wichtigen Teil zum Lebensprozess beigetragen.

Eine meiner liebsten Übungen in meinem Angestelltendasein war jene, mich morgens an den Schreibtisch zu setzen, mir meinen Missmut und meine chronische Unlust ganz ehrlich einzugestehen und mir fest vorzunehmen, dem heute einmal nach aller Herzenslust nachzugeben (was natürlich eigentlich nicht ging). Ich habe erst möglichst lange die Zeitung gelesen, dann ein Schwätzchen an der Kaffeemaschine gehalten, später noch eins, und ich habe meine E-Mails endlich einmal in Ruhe beantwortet.

Am Ende des Tages war dann immer das Wunder geschehen: Ich hatte Berge von meinem Schreibtisch abgearbeitet, manche Sitzung und manches Problem hatte sich in einem vermeintlichen *Small Talk* erledigt, durch mein Umherschweifen im Haus hatte ich einige lästige Aktenvermerke gespart, durch meine Offenheit war die Lösung einiger zu erledigenden Dinge auf mich zugekommen, denen ich sonst vergebens hinterhergelaufen war. Manches hatte sich im guten Sinne des Wortes von selbst erledigt, und ich hatte Lösungsansätze für größere Aufgaben gefunden, die ich jetzt endlich angehen konnte. Die Tage, die so schlecht begonnen hatten, waren am Ende immer die erfülltesten.

Mir geht es nicht um *Laissez-faire*. Mir geht es darum, nicht alles aktiv mit dem Verstand und als Einzelkämpfer angehen zu wollen, sondern sich eingebunden zu wissen und sich erleben zu lassen, wie in der Achtsamkeit des Augenblickes das alltägliche Wunder geschieht: Ich bin zur richtigen Zeit am richtigen Ort. Anstatt mir

Sorgen zu machen, vertraue ich auf meine Offenheit für den Augenblick, sehe mich mehr als Werkzeug denn als Macher, mehr als Diener denn als Herrscher über mein Reich, wie klein es auch sein möge, mehr als Umsorgter denn als Sorgender, mehr als Wächter denn als Täter.

Ich will nichts mehr erreichen, ich will nur noch sein, im Augenblick, ganz im Vertrauen. Selbst wenn einmal alles sehr eilig ist, nehme ich mit aktiver Passivität am Geschehen teil, indem ich mich selbst dabei erlebe, wie ich in der richtigen Eile das Richtige tue.

Unser Verstand brüstet sich hinterher gerne: Habe ich das nicht toll gemacht, beherrsche ich meinen Beruf nicht hervorragend, bin ich nicht klasse?! Wenn wir dann ehrlich gegenüber uns selbst sind, erkennen wir, dass wir in Wahrheit glücklich sind, dieses Einssein erleben zu dürfen, dass wir uns sehr verbunden fühlen, dass wir eine innere Zufriedenheit erleben, die uns geschenkt wird, die wir nicht verdienen können, die wir aber täglich erleben können, wenn wir es nur zulassen.

Hier kommt keine gewollte Effektivität mehr mit, sie muss kläglich versagen. Ganz im Gegenteil: Effektivität ist in der Natur völlig ohne Belang, weil sie systemimmanent ist. Sie ist einfach da, sie kann nicht erworben werden, sie kann nicht gewollt werden, sie kann nur zugelassen werden.

Wenn wir unsere Energien nicht fließen lassen, verhindern wir Effektivität, wenn wir uns anstrengen, verzögern wir den Energiefluss, der durch uns hindurch fließen will. Wir nehmen davon Abschied, selbst zu wollen, und werden Meister darin, durch uns geschehen zu lassen.

Nun brauchen wir nicht ängstlich um unsere Selbstbehauptung zu fürchten, darum, unser eigenes Leben nicht mehr zu bestimmen. Ganz im Gegenteil, es ist eine ungeheure Erleichterung. Wir werden niemals bevormundet, wir können mit unserem Verstand immer zustimmen oder ablehnen, aber am Ende sind wir glücklich, uns aufgehoben zu fühlen und zustimmen zu dürfen, weil letztlich alles besser wird, als wir es uns vorstellen konnten. Wir erleben eine große Einheit, können auf sie Bezug nehmen und uns mit ihr identifizieren.

Endlich frei! Einfach nur sein können! Vom ständigen aktiven „Tun-Wollen" auf das passive „Tun-Erleben" herunterschalten. Diese Erkenntnis kann uns keiner mehr nehmen. Wir brauchen nichts mehr zu erreichen, weil wir schon alles sind. Wir können nichts erreichen, weil wir schon alles haben, was wir brauchen. Wir sind schon da, wo wir immer hin wollten. Alles weitere wird uns in der achtsamen Präsenz zuteil. Wie erreichen wir diesen Zustand?

Anstatt weiter und weiter zu streben, setzen wir uns in Ruhe hin und meditieren. Oder wir finden in der Hektik des Alltags unsere innere Ruhe, indem wir in Gedanken nur bei dem sind, was wir gerade im Augenblick tun, ohne bewusst zu wollen (auch das ist Meditation).

„Die Qualität, nach der wir suchen, ist das ‚Nicht-Tun'.
Es ist die feine Linie zwischen Über-Anstrengung
und Schlaffheit – die feine Linie, die die gewünschte
Spannung trifft wie beim Spannen eines Bogens."

D. Carrington, L. Frederick

Überwindung überwinden

Wir meinen, uns immer selbst überwinden zu müssen, uns selbst zum Durchhalten anspornen zu müssen. Somit vergeuden wir immense Kräfte, wir bringen uns gegen uns selbst auf, ja, wir entzweien uns bewusst oder unbewusst. Wir wundern uns dann, wenn wir unangenehm abgespannt und gleichzeitig ziemlich aufgedreht nach Hause kommen. Am besten hilft vermeintlich Sport, gutes Essen und Alkohol, um uns wieder ins Lot zu bringen. Das halten wir alles für völlig normal, so ist eben das Arbeitsleben, und heroisch halten wir durch, schließlich haben wir Charakter und sind fleißige Menschen.

Wenn wir einmal keine Lust haben, ist das eben unser innerer Schweinehund, den es zu besiegen gilt. Wenn wir einmal nicht effizient genug arbeiten, nicht genug „schaffen", müssen wir uns eben mehr am Riemen reißen. Wenn wir uns mit unserer Sicht nicht durchsetzen konnten, müssen wir uns nur das nächste Mal einfach noch mehr bemühen, damit unser Vorschlag angenommen wird, müssen wir noch diplomatischer vorgehen, müssen die Unterlagen noch besser vorbereitet werden. Das muss eben so sein!?

Bei all dem merken wir nämlich nicht, wie wir uns tagein, tagaus selbst vergewaltigen. Es reicht nämlich niemals, und wir vermitteln uns täglich selbst, nicht die anderen, dass wir nicht gut genug sind. Das sitzt so tief in uns drin, dass wir selbst unser gewalttätigster Aufseher sind, wir uns selbst am meisten knebeln, uns selbst am meisten verrückt machen. Wir sind unsere eigenen Controller, regulieren alles mit dem Verstand; alles ist gut oder schlecht, je unangenehmer es ist, umso heroischer werden wir.

Es ist ein kapitaler Irrtum, dass wir so viele Kräfte in uns haben, die gebändigt werden müssen, die der verstandesmäßigen Kontrolle bedürfen. Wir haben ein so geringes Vertrauen in uns selbst, dass wir uns misstrauisch beobachten und ständig bewerten.

Das Gegenteil von Mühe, Anstrengung und Überwindung, das vermeintliche In-den-Tag-Hineinleben, führt oftmals zu unverhofften Ergebnissen, wie wir sie nicht erwartet haben und Sie nicht hätten planen können. Am Ende eines solchen Tages sind wir dann vielleicht überrascht, dass wir doch in allem das Richtige getan und sich andere Dinge von selbst erledigt haben oder doch nicht so wichtig waren, wie wir dachten. Selbst oder gerade bei vollgepackten Tagen sollten wir mit Ruhe erleben, was auf uns zukommt, und nicht verzweifelt versuchen, alles zu schaffen. So erleben wir den Tag und uns als eine Einheit. Wir laufen dem Tag nicht hinterher, sondern die Zeit arbeitet für uns.

Konzentrationsprobleme

Das Gleiche gilt für Konzentrationsprobleme. Wenn Sie sich nicht konzentrieren können und meinen, lauter unwichtige Dinge zu tun, verweilen Sie einmal bei dieser scheinbar nutzlosen Tätigkeit. Achten Sie darauf, wie es Ihnen geht, tun Sie, was Sie gerade tun, und bemerken Sie, wie Sie sich sammeln und wie Sie im Kopf klar werden.

Vielleicht erleben Sie unbewusst noch etwas ganz anderes. Ihr Innerstes weiß viel besser, was zu tun ist. Fühlen Sie einmal in sich hinein, ob Sie diese scheinbar unwichtigen Dinge nicht viel lieber tun würden, und überlegen Sie, in welchem Zusammenhang diese Tätigkeiten stehen könnten. In unserem Innersten wissen wir, wo es langgeht, nur ist es uns meistens nicht bewusst. Anders ausgedrückt: Unser Innerstes weiß den Weg, wir brauchen uns eigentlich nur führen zu lassen, auch wenn wir nicht immer sofort die Richtung erkennen.

Es gibt auch keine unwichtigen Gedanken. Wir folgen ihnen nicht, aber wir nehmen sie bewusst wahr. Dann haben wir unsere Gedanken, aber die Gedanken haben uns nicht mehr. Diese nebensächlich erscheinenden Dinge verhelfen uns zu klaren Einsichten, weil sie uns innerlich aufräumen und in unseren eigenen Takt bringen: Auf einmal wissen wir, was nun wirklich zu tun ist. Ganz unverkrampft können wir die entscheidenden Lektionen des Tages angehen.

Das lieb gewordene Konkurrenzdenken

Das Konkurrenzdenken ergreift mittlerweile alle Ebenen: Männer und Frauen, Kollegen und Kolleginnen, Untergebene und Vorgesetzte ... Die Aufzählung ließe sich beliebig weiterführen und miteinander kombinieren. Sogar bis in die Partnerschaft hinein gehen die ewigen Vergleiche untereinander. Es werden Pläne aufgestellt, wer was wann zu tun hat, es wird festgestellt, wer Recht hat, wer besser ist. Und dann versuchen wir auch noch, das alles mit dem Verstand zu lösen, der uns nur noch mehr in den inneren Aufruhr stürzt. Vergleiche werden durchgeführt, kleine Rachepläne geschmiedet („der/die wird schon noch sehen ...!") und Strategien entwickelt.

Im Beruf das Gleiche, auf anderer Ebene: Der/die verdient mehr als ich, muss weniger arbeiten, hat schneller Karriere gemacht, versteht sich besser mit dem oder der Vorgesetzen ... Es ist wie der verbissene Kampf um Marktanteile, anstatt zu sehen, dass wir untrennbar miteinander verbunden sind, dass es kein Weiterkommen ohne das Bewusstsein der Einheit mit anderen gibt.

Diese ganze Litanei beruht auf dem Übel der inneren und äußeren Abgrenzung voneinander. Warum tun wir nicht einfach das, was anliegt? Warum lassen wir uns nicht mit einer Selbstverständlichkeit leiten, die uns allen innewohnt? Der Kampf gegeneinander bremst unser ganzes Potenzial. Kreativität, Freundschaft, Liebe sind immer da, aber werden durch das ständige Konkurrenzstreben zugedeckt.

Das Wichtigste im Leben ist, sein Innerstes zu finden, dort, wo man sagen kann: „Das ist gut so – das bin ich." Dort gibt es keine Konkurrenz mehr, das, was ich bin, ist ausreichend für mich, alles, was daneben ist (der/die/das andere ist größer, schöner, höher, weiter, klüger), kann nicht zur Zufriedenheit führen, es entspricht nicht meinem Innersten, führt zu unsinnigen Vergleichen.

Beim Vergleichen mache ich mich selbst klein und bewerte das Gegenüber hoch (genauso „un-sinnig", wenn es umgekehrt ist). Allein in dieser Bewertung liegt eine große Ungerechtigkeit gegenüber der Schöpfung und damit auch mir zugrunde. Was besser oder schlechter ist, brauche ich nicht zu beurteilen. Wenn ich ganz bei mir selbst bin, erfülle ich meine Aufgabe am besten, sie ist niemals höher oder geringer als eine andere. Gerade im Kleinen sind genauso viel Mut und Tapferkeit, Ausdauer und emotionale Intelligenz gefordert wie im Großen.

Ich kann meinen Weg nicht woanders gehen, als dort, wo ich gerade bin. Nur dort gehöre ich hin, nur von da aus geht der Weg weiter. Nichts von mir ist überflüssig, alles hat einen Sinn. Aber nur wenn wir ihn finden, wenn wir unseren Lebensweg finden, werden wir zufrieden und „effektiv" im höheren Sinn. Dabei geht es nicht um Traumberufe oder verpasste Bildungschancen, sondern allein um die innere Haltung, die mich von der absurdesten Tätigkeit nur aus der Notwendigkeit des Geldverdienens heraus zum Ausüben einer sinnvollen Tätigkeit führt. Wie soll das funktionieren?

Es geschieht nicht willentlich mit Vorsatz und Fleiß, sondern allein durch Präsenz, durch völliges Verweilen im Augenblick, aus dem heraus sich der nächste Schritt in die richtige Richtung immer von selbst ergibt: Man kann es eigentlich nicht beschreiben, aber sehr wohl ausprobieren. Gerade wenn ich nicht den nächsten Moment plane, sondern nur im gegenwärtigen Augenblick verweile und eins mit mir selbst und meiner Umgebung werde, ereignet sich ein Schritt in meine Zukunft, wie sie mir entspricht. Hier entstehen Lösungen, die ich selbst nicht hätte finden können. Hier kommen Menschen mit Botschaften auf mich zu, die wichtig für meinen Weg sind.

Dabei kommt es nicht darauf an, fortan nur noch Angenehmes zu tun, sondern sich selbst dabei zu beobachten, was und wie man es tut, ohne alles bedenken zu wollen, ohne zu zweifeln, sich willentlich anzustrengen oder zu faulenzen, sondern hier und jetzt zu *sein.*

Es geht hier und in dem ganzen Buch nicht um abenteuerliche Aussteigertheorien, sondern ganz und gar konkret um den Moment: hier und jetzt! Seien Sie also nicht überrascht, wenn der große Umschwung, den Sie schon so lange im Kopf haben, gar nicht erforderlich ist oder umgekehrt gar nicht viel zu seiner Umsetzung gefehlt hat. Sie bemerken plötzlich, dass sich Ihre vermeintlich unerreichbar hohen Ziele auf einmal ganz leicht, mit ein bisschen Mut verwirklichen lassen.

Wir brauchen uns nicht willentlich anzustrengen, aber wir müssen präsent sein! Das erfordert mehr Disziplin als Fleiß, aber es ist viel „effektiver" und lässt sich angenehmer durchhalten.

Das tiefe Vertrauen, dass das Leben für uns da ist, verhilft uns zu der Einsicht, dass wir das Leben nur in uns wirken lassen brauchen und uns nicht verzweifelt umschauen müssen: Was mache ich jetzt?

Körper, Seele und Geist werden in der achtsamen Präsenz eins. Es geht nicht mehr um die Beherrschung des Körpers, um die Zähmung des Geistes, schon gar nicht darum, alle „Ressourcen" optimal zu nutzen. Wir sind keine Kaufleute mehr, die „das Beste aus sich herausholen", sondern wir sind einfach da – einfach präsent.

An dieser Stelle möchte ich einen Werbespruch von einem koreanischen Autohersteller zitieren: „Wer keine eigene Meinung hat, kann überall ankommen, nur nicht bei sich selbst." Nur dass wir etwas tiefer gehen: Uns geht es nicht um eine eigene Meinung, wir steigen noch tiefer in den Keller. Uns geht es um das, was unter all unseren Meinungen und Konzepten, allen Ansichten und Glaubenssätzen verborgen ist: unser innerstes Wesen.

Es geht darum, sich selbst näher zu kommen, scheinbare Zwänge aufzulösen, das Geräusch in der Nacht zu hören, den Geist fließen zu lassen. Nicht mehr abstumpfen durch den Konsum in der täglichen Welt (meint nicht, ihn abzulehnen, sondern ihm keine übermäßige Bedeutung zuzumessen), weil es einen nur davon abhält, sich nach innen zu kehren: Die Revolution findet im Inneren statt, nirgendwo sonst, ich komme mir selbst näher und entdecke, wie kostbar mein eigenes Wesen ist und wie liebenswert ich bin.

Liebe deinen Nächsten wie dich selbst, also nicht nur den anderen lieben, sondern *auch sich selbst*! Das steht sogar in der Bibel, und die Verbindung zum anderen ist dadurch gegeben, dass ich durch meine Eigenliebe den anderen ebenso annehmen kann. Vielleicht entdecke ich in der Fortgeschrittenenübung sogar, dass es den anderen und mich gar nicht gibt, sondern nur ein Ganzes, in dem wir eine Einheit bilden. Aber dazu später mehr.

Jede Lösung findet sich nur in mir selbst, alles außerhalb kann nur auf mein Innerstes reflektieren. In diesem Moment, im Jetzt teile ich mich mit, hier setzt die Kreativität ein, hier bereichere ich andere, ohne selbst arm zu werden. Hier findet völliges Einssein statt. An dieser Stelle frage ich nicht mehr nach Effektivität, sie wird völlig bedeutungslos, weil sie unendlich vorhanden ist.

Das tun, was man kann und wirklich will – täuschen Sie sich nicht: Keiner will wirklich den Rest seines Lebens nur segeln oder im Bett liegen. Sie können hier und jetzt sofort den Grundstein dafür legen. Viele wissen gar nicht, zu was sie fähig sind, wenn sie nur ein bisschen von ihrem Ich, von Ihrer Kontrolle abgeben.

Seinen eigenen Rhythmus finden

Es ist ein geradezu gefährlicher Irrglaube, immer mit den anderen mithalten zu müssen. Wenn wir nicht mit anderen mithalten können oder es nicht mehr wollen, liegt das vielleicht daran, dass wir einen anderen Rhythmus haben. Wenn wir nicht auf diesen hören, wenn wir nicht nach unserer eigenen Musik tanzen, vergeuden wir unsere wahren Talente, unsere wahren Schätze in uns.

Wenn wir das Leben nicht nach unseren eigenen Prinzipien führen, nicht auf unsere Intuition hören und es in die Praxis umsetzen, dann werden wir uns am Ende unseres Lebens eingestehen müssen, dass wir vielleicht immer mithalten konnten, aber leider im falschen Spiel, nämlich jenem anderer Menschen, die sich getraut haben, das zu tun, was *sie* für richtig halten!

Nur im ganzheitlichen Annehmen unseres Wesens, nur im Annehmen unseres eigenen Tempos – schnell sein kann einen großen Umweg bedeuten – nur, wenn ich nicht mehr um jeden Preis mithalte, werde ich schnell genug. Mit anderen mithalten wollen heißt, sich selbst verleugnen, seine eigenen Fähigkeiten nicht anzuerkennen, sich selbst in den Augen anderer zurückzusetzen. Gerade im vermeintlichen Mithalten gründet sich häufig das größte Versagen, und genau das spüren andere instinktiv, so schließt sich der Kreis. Um jeden Preis mithalten zu wollen, alle Anforderungen erfüllen zu wollen, ist die richtige Strategie, zu verlieren, sich zu verlieren, seine Gesundheit zu verlieren, letztendlich sein Leben zu verlieren.

Wenn wir das tun, was wir für richtig halten, wovon wir in unserem Innersten fest überzeugt sind (das hat nichts mit Logik zu tun), dann gibt es auch einen Weg dafür, es kann gar nicht anders sein. Unsere Fähigkeiten sind nicht sinnlos. Die Natur vergeudet keine Ressourcen.

Aber das Schlüsselwort dazu heißt: Vertrauen. Sobald wir zweifeln, fallen wir wieder hin, bis wir gelernt haben, auf uns und das Leben zu vertrauen und anzunehmen, was ist.

Ohne das Bewusstmachen unserer uns innewohnenden Kraft und das Aufgehobensein in der Welt sind wir verloren, wir führen das Leben weiter nach „Schema F". Die Abrechnung kommt zum Schluss: lauter ungelöste Fragen. Aber dafür haben wir dann ja wenigstens (hoffentlich) viel Geld auf dem Konto, das wir dann nur leider nicht mehr brauchen ...

Mit Neidgefühlen umgehen

Die Angst, zu kurz zu kommen, ist allgegenwärtig. Sie gehört geradezu zu unserer Gesellschaft, vielen ist das gar nicht bewusst. Ich bekomme weniger als ein anderer, der hat ein größeres Auto als ich, dabei ist er noch viel jünger! Hat der mich jetzt etwa übers Ohr gehauen, habe ich auch genug Wechselgeld bekommen, warum ist der schon wieder befördert worden? Die Tomaten waren viel zu teuer, der hat aber Glück gehabt, so viel zu erben! Kann der schon wieder in den Urlaub fahren, dem macht die Arbeit ja richtig Spaß, was hat der für eine schöne Frau, was hat die für einen schönen Mann!

Man mag es nicht in dieser Deutlichkeit empfinden, aber letztendlich läuft alles Konkurrenzdenken, auf dem unsere Marktwirtschaft basiert, auf genau dieses Gefühl hinaus: Wir wollen nicht hinten anstehen, wir achten peinlich genau darauf, ob wir auch tatsächlich gut dastehen. Dabei wird diese Angst umso augenfälliger, je weiter oben wir uns auf der Karriereleiter befinden, weil wir viel mehr zu verlieren haben – glauben wir.

Das Leben ist das, was es ist. Wir können nichts hinzufügen oder entfernen, aber wir können es empfinden und uns mit ihm vereinigen, dann gehört es uns ganz. Jeden Augenblick können wir das, wenn wir es nur wollen. Jeder Augenblick ist ein Geschenk, das wir annehmen können oder ablehnen müssen. Aber der Augenblick vergeht unwiderruflich.

Der ständige Vergleich mit anderen lässt uns unseren eigenen Reichtum gar nicht wirklich erleben, wir schielen immer nur auf die anderen und bemerken gar nicht, dass wir uns dabei ständig selbst herabsetzen. Wir können uns selbst nicht würdigen und sehen gar nicht, welches Glück wir haben, so leben zu dürfen, schon gar nicht, was wir bis jetzt und unter welchen Umständen geleistet haben.

Dieses latente Gefühl beschäftigt uns jeden Tag, und wir meinen, jeden Tag etwas erreichen zu müssen, immer bestehen zu müssen, nicht nachgeben zu dürfen, um nicht irgendwann unterzugehen.

Dieser Irrglaube hat schon manchen in den Herzinfarkt geführt. Es ist nämlich genau umgekehrt. Wir können lernen, auf das zu vertrauen, was wir haben, was wir können, was wir brauchen. Alles andere verblasst gegenüber unserem Inneren, das stark in uns ruht und für alles gerüstet ist (siehe Kapitel „Spiritualität begreifen").

Diese ständige Orientierung an Äußerlichkeiten kann nur zu Unzufriedenheit führen, selbst wenn ich der oder die Größte, Schönste, Erfolgreichste wäre, ich würde wieder jemanden oder etwas finden, auf den oder das ich neidisch sein kann (z.B. auf jemanden, der ganz einfach lebt). Davon lebt unsere ganze Industrie, denn das Marketing hat uns nahe gebracht: Es gibt immer noch mehr, dadurch werden wir endlich glücklich, finden endlich inneren Frieden. Alles Lüge.

Selbst auf den Zug der neuen Einfachheit springt die Werbung noch auf: Nur noch wenige Möbel, nur noch die nötigsten Gebrauchsgegenstände, aber natürlich muss man dafür alles Alte wegschmeißen, denn das Einfache macht sich nur gut in der vorgestellten erlesenen Qualität ...

Der Kreis ist geschlossen: Das andere ist immer besser, und so können wir das ganze Leben lang einem Ideal hinterherlaufen, wenn wir selbst keines haben. Dabei habe ich in mir alles, was ich brauche – und mehr gibt es auch nicht. Alles andere kann nur Hilfestellung sein, oft genug entfernt es uns jedoch von uns selbst.

Wenn wir uns gefunden haben, findet sich auch alles Weitere, ohne dass wir uns deswegen ein Bein ausreißen müssten. Das Leben kommt auf uns zu, wenn wir das Vertrauen haben. Wir brauchen lediglich mehr Achtsamkeit in unserem Leben, denn diese fehlt uns wirklich.

Gewinnen können wir nur unser eigenes Selbst, das alles weiß und alles tut. Was brauchen wir wirklich zum Leben? Was fördert uns, anstatt von uns selbst abzulenken? Wann fangen wir an, uns auf das Wesentliche zu konzentrieren? Wann begegnen wir uns wirklich selbst? Genau da, wo wir Ruhe finden, wo wir einfach mit uns selbst sein können, wo wir uns nicht mehr ablenken lassen. Eigentlich wissen wir das alles, aber wir trauen uns nicht loszulassen. Wir könnten ja tief fallen. Es kostet uns eine ungeheure Kraft, festzuhalten und so weiterzumachen wie bisher.

Wie lange wollen wir uns noch von Äußerlichkeiten blenden lassen, anstatt uns auf uns selbst zu besinnen? Wir wissen es wirklich besser und tun es doch nicht. Warum? Weil es viel einfacher und auf den ersten Blick sicherer ist, da zu bleiben, wo wir uns befinden, weil es einfacher ist, mit dem Strom der Menschen zu schwimmen. Im Konkurrenzdenken geht ungeheuer viel Energie nutzlos verloren. Manche bringt der Neid um. Wie viel Energie verwenden wir darauf, beruflich noch weiterzukommen, obwohl es uns jetzt schon zu viel ist? Warum wollen wir immer noch mehr von dem, was uns schon so viel Unzufriedenheit bereitet hat, das Streben nach noch mehr Wohlstand? Warum glauben wir, das Glück außerhalb von uns selbst finden zu können? Warum haben wir so wenig Selbstbewusstsein, dass wir uns nicht selbst genügen können?

Im Grunde seines Herzens will jeder geben, anstatt zu nehmen, weil das wirklich glücklich macht, den Nehmenden und den Gebenden, weil beide dadurch gewinnen und keiner zurückstehen muss, weil ein anderer mehr bekommt.

Unsere Marktwirtschaft beruht auf fairem Tauschen, da muss ich wieder gut aufpassen, nicht zu kurz zu kommen. Wirtschaftsgüter sind knapp, aber diese allgemeine Knappheit besteht nur, weil jeder versucht, nicht zu kurz zu kommen. Durch Horten entsteht Knappheit, nur Überfluss auf der einen Seite lässt Unterversorgung auf der anderen Seite entstehen.

Kontrolle loslassen

Kontrolle heißt, alles in den Griff bekommen zu wollen, Dinge ständig in Ordnung bringen zu müssen, über alles Herr der Lage sein zu wollen. Dies führt zu Anspannung und Verkrampfung und dadurch zum Versiegen des Energieflusses. Auch der Versuch, Gedanken und Gefühle unter Kontrolle zu halten, stresst unseren Körper so stark, dass wir davon die tollsten Krankheiten bekommen. In unserem privaten Bereich bringt uns Kontrolle an das andere Ende von dem, was wir erreichen wollten: Die Beziehung scheitert. Nationale Verteidigungssysteme, die uns eigentlich den Frieden garantieren sollten, führen uns (bis jetzt nur) an den Rand der Katastrophe. Kontrolle ist eine Illusion.

Kontrolle entsteht aus dem Gefühl der Machtlosigkeit, der Angst und einem Abhängigkeitsgefühl heraus. Natürlich glauben wir, in unserer Position über Kontrolle zu verfügen und sie ausüben zu können. Aber das können wir nur vordergründig, indem wir Anweisungen geben und Stichproben durchführen. Was wirklich in unserem Leben stattfindet oder in dem unserer Mitmenschen, erleben wir jeden Tag aufs Neue. Und wir können es nicht einfangen, weil es einfach so ist, wir können dem immer nur hinterherlaufen.

Es ist eine große Falle, sich dem gängigen Irrglauben anzuschließen, dass man es bei Ablehnung von Macht- und Geldgewinn und bei gelegentlicher Unehrlichkeit „zu nichts im Leben bringen" könne. Allein den Ausdruck muss man sich einmal auf der Zunge zergehen lassen. Er zeugt von einer armseligen Lebenseinstellung, bei der ich mich völlig von mir selbst entfremdet habe und meine, nur durch äußere Umstände etwas zu sein. Alles in mir drinnen muss ich folglich ablehnen, was für ein Abgrund, der sich durch eine solche Äußerung auftut. Was ist das, was ich außen erreichen kann, gegen das, was bereits in mir enthalten ist? Nur das Innere kann ich fördern, das Äußere kann mir jeden Tag entrinnen, ich kann es nicht kontrollieren. Mit dieser Einstellung ergibt sich das Notwendige für mein Leben von selbst.

Merkmale der Kontrolle, die heute so selbstverständlich hingenommen und als gesellschaftsfähig angesehen werden, sind (folgende Ausführungen nach Anne Wilson Schaef):

- Selbstbezogenheit: Alles hat etwas mit mir zu tun. Jede Äußerung wird als Bestärkung oder Ablehnung des eigenen Ichs verstanden. Das gilt auch für unser Arbeitsleben: Sobald etwas in unserer Firma geschieht, wird es als Affront oder als Unterstützung unserer Person angesehen. Ebenso auf nationaler Ebene: Sobald etwas in den Weltnachrichten gesendet wird, wissen wir meistens auch, ob die USA es als Beleidigung oder als Unterstützung ihrer Nation ansehen.
- Unehrlichkeit ist dazu geeignet, den Kontakt zwischen unseren Mitmenschen und unseren/ihren Gedanken und Gefühlen zu kontrollieren. In einer unehrlichen Welt komme ich aus dem Interpretieren gar nicht mehr heraus, es ist sehr anstrengend. Sitzungen könnten viel befruchtender, viel anregender sein, würden sie nicht so sehr ermüden, würden alle ehrlich das sagen, was sie denken. Unehrlichkeit ist destruktiv. Schmerzhafte und unbequeme Wahrheiten sind leichter zu ertragen, vor allem bringen sie uns weiter. Die klassische Lüge ist die von Beratern, die immer alles zu wissen scheinen. In Wahrheit haben sie sich mit so manchem Thema, das wir mit ihnen besprechen wollen, noch

niemals auseinander gesetzt. Eigentlich engagieren wir sie, weil sie uns ein Vertrauen vermitteln sollen, was wir und sie selbst nicht haben. Die Lüge wird in unserem Leistungssystem regelrecht gefordert. Wenn wir im privaten Bereich nicht die Wahrheit sagen, weil wir nicht verletzen wollen, belügen wir uns selbst, weil wir genau genommen uns nicht weh tun wollen.

- Krisenorientierung ist auch eine subtile Form der Kontrolle. Wir taumeln von einer Krise in die nächste, anstatt einmal die Dinge aus der Vogelperspektive zu betrachten und zu sehen, dass es immer nur Veränderungen gibt, die uns letztendlich weiterbringen. Krisen verschaffen uns das Gefühl, dass es doch noch eine Überlebenschance gibt. Wenn wir nicht mehr meinen, alles unter Kontrolle haben zu können, finden in unserem Leben auch nicht mehr so viele Krisen statt. Wir sind einfach nicht mehr krisenorientiert.
- Perfektionismus bedeutet Bezogenheit auf Effektivität (im alten Sinne) und Leistung, alles muss optimal sein. Die Falle ist, dass Perfektionisten niemals etwas gut genug ist, dass sie niemals genug arbeiten. Gerade den Dingen, von denen sie keine Ahnung haben, zu denen sie keinen Bezug haben, für die sie kein Interesse aufbringen, von denen sie also nichts wissen und nichts verstehen, laufen sie hinterher: Dort gibt es noch am meisten zu tun, darüber besteht noch keine Kontrolle, da fehlt noch der Überblick.
- Verwirrung entsteht, wenn wir ständig alles verstehen, über alles die Oberhand gewinnen wollen. Wenn wir nur damit beschäftigt sind, alles um uns herum zu analysieren, bleibt uns keine Zeit mehr für uns selbst, geben wir die Verantwortung für unser Leben ab. Anstatt ganz bei uns selbst zu bleiben, ringen wir um ständiges Verstehen und halten die Illusion von Kontrolle aufrecht.

- Vergesslichkeit: Gerade wenn wir verwirrt und nicht im Einklang mit uns selbst sind, neigen wir zu Vergesslichkeit. Ein Großteil unseres Gehirns kann für uns nicht mehr arbeiten, weil wir keinen Zugang mehr zu ihm haben: Wir sind nicht mehr bei uns, wir können keine Informationen mehr empfangen. Wenn wir bei uns sind, vergessen wir nur Dinge, die im Augenblick nicht wichtig für uns sind, auch wenn wir es erst im Nachhinein sehen können.
- Vermeidung von Nähe: Nähe würde bedeuten, bewusst aus uns selbst heraus am Leben teilzunehmen, es zu erfahren. Es würde bedeuten, im Einklang mit uns selbst das Leben geschehen zu lassen. Das würde aber der Kontrolle zuwiderlaufen.
- Verleugnung: Wir trauen uns häufig nicht, das zu sehen, was wir sehen. Wenn wir unserer Wahrnehmung vertrauen würden und nicht vieles einfach ausblenden würden, wäre manches in seiner Existenz bedroht. Der Vorteil ist, wir können unser Leben so weiterführen wie bisher, der Nachteil ist, wir müssen unser Leben so weiterführen wie bisher.
- Abhängige Beziehungen: In der Kontrolle habe ich keine Partner, ich habe Abhängige, über die ich verfügen kann. Dann kann nichts mehr passieren, außer dass kein Austausch mehr stattfindet. Auch die Abhängigen suchen ihre Abhängigkeit, und so schließt sich der Kreis.
- Mangelgefühl: Es ist nicht genug für alle vorhanden, also kann man nur versuchen, möglichst viel zu bekommen. Wenn jemand etwas bekommt, steht es mir nicht mehr zur Verfügung. Bei ehrlicher Betrachtung könnte man feststellen, dass ich gar nicht kontrollieren müsste, was andere haben: Ich habe immer das, was ich wirklich brauche, auch zur Verfügung. Mehr be-

deutet nicht gleich besser. Manches ist vielleicht nur anders. Am Beispiel der Macht stellt sich dar, dass um sie gekämpft wird wie zu Ritters Zeiten, aber dass niemand sieht, dass sie unbegrenzt vorhanden ist, wenn sie von innen heraus kommt. Wenn wir bei uns selbst bleiben, wenn wir in uns selbst ruhen, brauchen wir keine äußere Macht, um das zu bekommen, was wir brauchen.

- Verteidigung: Beweisen, dass ich im Recht bin, sich ständig an äußeren Kriterien messen, anstatt sich anzunehmen, wie man ist. Auf Rückmeldungen und Kritik nicht reagieren zu können, bedeutet, nicht am Leben zu lernen und sich zu entwickeln.
- Negative Sichtweisen: Das Leben nicht von der positiven Seite nehmen können, weil der Glaube besteht, es gäbe von allem nicht genug (siehe Mangelgefühle). Das wiederum entzieht uns wichtige Lebenskraft. Wir sehen nicht die vielfältigen Möglichkeiten um uns herum, sondern fixieren uns auf das, was wir nicht haben können. Irgendwie ist aus dieser Sicht auch bedauerlich, dass wir nicht alles wissen können, dass wir nicht gottgleich sind. Dabei sind wir in Wahrheit ein Teil des Ganzen.
- Kommunikation: Keine offene, ehrliche Kommunikation, um andere über sich (seine Gedanken und Gefühle) im Unklaren zu lassen, sonst würde die eigene Verletzlichkeit offenbart. Durch Verwirrung und Einschüchterung wird die Oberhand bzw. die Kontrolle gewahrt.
- Verantwortung für alles: Wenn mir etwas passiert ist, dann nur, weil ich selbst daran schuld bin oder es selbst verdient habe. Auch hier läuft es auf den Wahn hinaus, alles kontrollieren zu können und somit auch für alles verantwortlich zu sein. Wenn Verantwortung über die Hälfte unseres Lebens nur Schuldzu-

weisung bedeutet, kann sie nur eine Last, keine Freude bedeuten.

- Vereinnahmung: Sobald unser Gegenüber einen kleinen Fehler in seinem Beitrag erkennen lässt, zu meinen, alles Übrige abtun zu können und „sein eigenes Revier zu schützen".
- Fremdbestimmung: Obwohl es ganz natürlich ist, dass unsere Umgebung bedeutend auf uns einwirkt, dürfen wir uns nicht völlig durch sie bestimmen lassen. Wir brauchen beides, nicht nur das eine oder das andere. Das scheint völlig klar zu sein, und doch beurteilen die meisten von uns ihre Erfolge danach, wie sie von anderen beurteilt werden, nicht, welche Bedeutung sie für einen selbst haben. Unser eigentlicher Bezugspunkt liegt aber in uns selbst, die äußere Umgebung kann uns nur befruchten, nicht bestimmen. Wenn wir das zulassen oder anderen zumuten, begeben wir uns in eine Kontrolle ohne objektiven Maßstab.
- Diffamierung: Wir wissen es längst: Du-Botschaften sind tödlich für die Kommunikation. Anstatt bei sich zu bleiben, sich auf sich und sein Empfinden zu konzentrieren und dies kundzutun, werden Aussagen gemacht, die die Fähigkeiten der anderen Person infrage stellen.
- Dualismus: Wenn ich etwas für richtig befinde, muss das Gegenteil schließlich falsch sein, frei nach dem Motte: Wer nicht für mich ist, ist gegen mich! Wir meinen, immer zwischen konträren Gesichtspunkten entscheiden zu müssen. Wenn ich das Leben als Prozess betrachte, existieren solche Entscheidungsqualen nicht. Im Einklang mit unserer Intuition gibt es nicht entweder oder, da die Wahl in uns selbst fällt.

„In einer unehrlichen und kontrollierenden Umgebung ist es unmöglich, dass ein menschliches Bedürfnis erfüllt wird."

ANNE WILSON SCHAEF, IM ZEITALTER DER SUCHT

Wenn wir uns mit uns selbst im Einklang befinden, dann sind wir eins mit unserem Willen, unserem Bewusstsein, unserer Integrität und vor allem unserer Spiritualität.

Eine neue Tätigkeit, eine neue Aufgabe, eine neue Ausrichtung in unserem Leben hat anfangs häufig etwas Inspirierendes, etwas Befreiendes an sich, etwas, das uns Freude bereitet. Doch schon bald haben wir dieses in unser Leben integriert. Es ist nur noch ein Bestandteil mit neuen Pflichten, für das etwas Altes aufgegeben wurde und für das gleichzeitig die alten Maßstäbe angelegt werden. Die Schaffensfreude verwandelt sich in das alte, stressbelastete Tun.

Und schon sind wir wieder bei unserem alten Ich, das – für alles verantwortlich – verzweifelt versucht, die Kontrolle zu behalten. Unser Leben hängt auf einmal wieder nur von uns ab, wir können das Leben nicht als Prozess begreifen, von dem wir ein Teil sind. Wir schaffen es nicht, das Leben für uns arbeiten zu lassen.

Die ungesunden Verhaltensweisen der Kontrolle, die unseren Lebensprozess als eine Einheit negieren und nur unterscheiden zwischen mir und anderen, ziehen durch das Schaffen eines Ungleichgewichtes in unserem Leben andere ungesunde Verhaltensweisen nach sich. Diese Paare sind im Folgenden aufgeführt. (Ausführungen ebenfalls nach Anne Wilson Schaef):

Selbstbezogenheit und Selbstverneinung

Die darin enthaltene Bezogenheit auf sich selbst (alles wird zum Mich) bedingt paradoxerweise ein Gefühl der Nichtexistenz, d.h., mir fehlt der Bezug zu meinem Inneren. Die damit einhergehende Selbstverneinung bedeutet, sich zu weigern, in sein Innerstes zu hören. Sich als Mittelpunkt der Welt zu begreifen, bedeutet, sich selbst zu ignorieren, sich selbst regelrecht zu verpassen. Mich als Teil des Ganzen sehen zu können, befreit mich von einer Last und führt mich dahin, meinen Teil des Lebens erfüllen zu können.

Selbstbezogenheit und Schuldgefühle

Selbstbezogenheit führt auch häufig zu Schuldgefühlen: „Was habe ich nur angestellt?" Als wenn ich alles selbst lenken könnte, als wenn alles von uns abhinge!

Scham und Perfektion

Ein weiteres Gefühl, die Scham, entsteht aus einem Streben nach Perfektion, und vermittelt uns unterschwellig ein dauerndes Gefühl der Unzulänglichkeit, weil Perfektion natürlich nie erreicht wird. In dem Wissen, dass wir nicht perfekt sein müssen, erschließt sich uns die Weisheit, dass der Prozess des Werdens Vollkommenheit in sich trägt.

Mangelgefühl und Habgier

Aus dem Mangelgefühl heraus entsteht die gesellschaftlich anerkannte Habgier. Das Problem ist nur: Je mehr wir unserer Habgier gehorchen, umso mehr glauben wir, es sei nicht genug verfügbar. Je mehr wir abgeben können (das ist nicht nur materiell gemeint), desto reicher fühlen wir uns. Unter den Aborigines, den australischen Ureinwohnern, galt derjenige als reich, der am längsten aufzählen konnte, was er verschenkt hatte.

Unehrlichkeit und Nett-Sein

Aus der Unehrlichkeit entsteht das so genannte „Nett-Sein" zum anderen. Wenn wir immer nett zum anderen sein wollen, bleibt es nicht aus, dass wir nicht immer ehrlich sein können.

Gerade die harten Wahrheiten führen uns aber langfristig in die Herzen der anderen Menschen, wogegen Nett-Sein irgendwann aufstößt.

Auch Rechthaberei und Verteidigungshaltung entstehen aus Unehrlichkeit heraus. Der Versuch, selbst offensichtlich unsinnige Standpunkte beizubehalten, führt uns in diese Sackgasse.

Unterdrückung und Besessenheit

Unterdrückung von Ärger, Kummer, Schmerz und Sexualität wird zur Besessenheit: Wenn wir dies nicht zulassen können, manifestiert es sich in uns und kann sich nicht auflösen. Wenn wir es zulassen, loslassen und überwinden, braucht es nicht mehr unterdrückt zu werden!

Wertlosigkeit und Überlegenheit

Das Gefühl der Wertlosigkeit geht oft mit dem Gefühl der Überlegenheit einher. Menschen, die von Minderwertigkeitsgefühlen gequält werden, kompensieren diese durch Herrschaft über andere. Menschen, die andauernd Überlegenheit vorgaukeln, leiden unter heftigen Minderwertigkeitskomplexen.

Rigides Urteilen und Inflexibilität oder Selbstgerechtigkeit

Häufig gehen auch rigides Urteilen und Inflexibilität einher. Vorschnell urteilenden Menschen sagt man Unnachgiebigkeit, Rechthaberei und Überlegenheitsgebaren nach. Wie sollten sie sonst ihre Urteile halten?

Selbstgerechtigkeit und rigides Urteilen sind auch paarweise anzutreffen. Wenn Menschen sich als moralisch wertvoll und von einer besonderen Ethik geleitet fühlen, neigen sie zu rigidem, vorschnellem Urteilen. Schließlich sind sie im Recht! Die Quelle allen Übels ist Unsicherheit.

Selbstverachtung und Neid

Selbstverachtung und Neid bedingen sich ebenfalls: Wenn wir uns selbst nicht annehmen können, uns selbst in unserer Wahrnehmung nicht trauen, uns nicht in der Welt aufgehoben fühlen, vergleichen wir uns ständig mit anderen, mit ihren Leistungen, ihrem Besitz – und natürlich ziehen wir jedes Mal den Kürzeren.

Schuldzuweisung und Verantwortungslosigkeit

Ganz gleich, was für eine Vergangenheit wir hatten, wenn wir sie nicht annehmen und als Teil von uns anerkennen, werden wir sie auch nicht hinter uns lassen. Sie verfolgt uns so lange, bis wir uns ihr stellen und sie akzeptieren. Schuldzuweisung und Verantwortungslosigkeit hindern uns daran, unsere Lektion zu lernen. Wir wissen, was wir eigentlich lernen und tun sollten.

Unausstehlichkeit und Bedürftigkeit

Unausstehlichkeit äußert sich häufig in der Form, dass die Befriedigung eines Wunsches von außen erwartet wird, dass ich den Anspruch habe, ein bestimmtes Bedürfnis sei nur von außen zu befriedigen. Die stete Erfahrung, dass eine solche Hoffnung sich nie wirklich erfüllt, lässt bei der betreffenden Person Launen und Unausstehlichkeit entstehen. Wer seine Bedürfnisse und Wünsche nicht selbst berücksichtigt, wird auch seine Unausstehlichkeit nicht ablegen.

Analyse und Ohnmacht

Ohnmacht entsteht, wenn wir Probleme ausschließlich auf eine logische, rationale und intellektuelle Art behandeln. Wenn wir erst einmal beginnen, alles mit dem Verstand zu analysieren, fangen wir an, uns im Kreis zu drehen, und gelangen nicht zu einem Ergebnis.

Angst und Wut

Ist Ihnen schon einmal aufgefallen, dass Sie fast immer, wenn Sie ängstlich sind, auch wütend sind? Ist Angst der

Motor unseres Handelns, sind wir oft auch zornig, weil wir nur Unsicherheiten um uns herum erleben. Könnten wir unsere Angst loslassen, verschwände auch die Wut. Könnten wir den Ärger ablegen, müssten wir nicht so viel fürchten.

Gewinnen und Verlieren

Rechnen wir bei unseren Tätigkeiten ständig damit, dass es schief geht, ist darin auch die Möglichkeit enthalten, dass wir gewinnen. Das ist unser Antriebsmotor.

Solange wir in diesem Dualismus gefangen bleiben, laufen wir immer zwischen beiden Möglichkeiten hin und her. Auflösung bietet nur eine neue Sicht der Dinge, nämlich dass das Leben ein Prozess ist, bei dem es kein Entweder-oder, sondern nur eine Weiterentwicklung gibt. Ist das nicht eine große Erleichterung?

Hoffnungslosigkeit und Perfektionismus

Perfekt können wir nicht werden, deshalb führen alle Versuche, es doch zu schaffen, zu Verzweiflung und Hoffnungslosigkeit. Gerade aber wenn wir hoffnungslos sind, trachten wir erst recht danach, perfekt zu sein, um der Hoffnungslosigkeit zu entkommen.

Wiederum sitzen wir in der Falle. Wir lösen das nur auf, wenn wir Hoffnung und Vertrauen in unser Leben setzen, darauf, dass wir vollkommen auf unserem Weg sind, wenn wir es nur zulassen.

Arroganz und Unterlegenheit

Wie sehr ist in uns doch der Gedanke des ausschließlichen Oben und Unten einverleibt! Wähnen wir uns unten, trachten wir mit Arroganz, nach oben zu kommen. Arroganz wiederum belässt uns in dem Irrglauben, wir gehörten tatsächlich nach oben, also gehörten andere nach unten. Auflösung und Erleichterung gibt uns der Gedanke, dass wir unser Gegenüber und alle Menschen als gleichwertig anerkennen, ihnen die gleichen Rechte zugestehen wie uns selbst. Das ist leider überhaupt nicht selbstverständlich, wenn wir einmal ehrlich gegenüber uns selbst sind. Aber wie schön, wenn es kein Oben und Unten mehr gibt und wir uns nirgendwo mehr einreihen oder befreien müssen.

Zynismus und Idealismus

Auch beim Idealismus besteht die Gefahr, zu glauben, alles sei in Ordnung, alles sei machbar. In der Realität kann daraus allerdings fast nur Zynismus entstehen, da immer Tatsachen und Ereignisse eintreten, die uns vom Glauben abfallen lassen, wenn wir nicht in uns selbst Zuflucht finden und unbeirrt unseren Weg gehen, ohne dabei naiv zu sein. Wir brauchen keinen Zynismus mehr, wenn wir das Leben als Prozess sehen, an dem wir selbst großen Anteil haben, und wir die Schwächen der anderen akzeptieren und lieben lernen – und miteinbeziehen.

Unterstützen und Verlassen

Wenn wir jemandem nicht vertrauen können, in dem Sinne, dass wir wissen, dass wir nicht von ihm verlassen werden, können wir uns auch nicht ehrlich zu ihm hingezogen fühlen.

Wir werden dieses Vertrauen aber nicht dadurch entwickeln, dass wir den anderen über die Maßen unterstützen, da sich darin schon die Angst des Verlassenwerdens ausdrückt und manifestiert. Kein Mensch wird bei uns bleiben, nur weil wir uns um ihn bemühen. Ohne eine gewisse Selbstverständlichkeit im Umgang miteinander und dem Vertrauen, dass ich liebenswert bin, auch ohne etwas dafür tun zu müssen, kann echte Zuneigung nicht entstehen oder bestehen.

Männliches und Weibliches

Die übliche Trennung zwischen Mann und Frau ist insofern unsinnig, da jeder von uns Merkmale des anderen Geschlechts in sich trägt. Die Dualität, die sich wie ein roter Faden durch unsere Kontrollmechanismen zieht, trennt auch hier nur und schafft immer nur das „Entweder-oder“ anstatt das „Sowohl-als-auch“.

Es besteht eine große Notwendigkeit, dass sich jeder Einzelne so annimmt und akzeptiert, wie er ist, dass er nicht oben oder unten, besser oder schlechter oder nur Mann oder nur Frau ist. Mit diesem neuen Verständnis versetzen wir uns in die Lage, eine Vielfalt an Beziehungen und die unterschiedlichsten Formen von Nähe und Intimität zu erfahren. Durch diese trennenden Eigenschaften – und noch einige mehr – geschieht schleichend ein Verlust der inneren Moral.

Eine gute Freundin erzählte mir kürzlich, dass sich einmal ihr ehemaliger Freund über fallende Aktienkurse einer bestimmten Medizin geärgert habe. Der Kurs war gefallen, weil bekannt wurde, dass das Mittel Thrombose auslösen könne. Ihr Freund wusste sehr wohl, dass sie selbst das Mittel bis dahin auch genommen hatte. Über mögliche Komplikationen bei ihr hatte er sich aber nicht erregt.

In seinem Innersten weiß jeder Mensch, was für ihn gut ist und was ihm persönlich schadet. In Wahrheit sind wir uns sehr bewusst, wenn wir nicht die Wahrheit sagen, wenn wir wieder einmal nur an uns denken, wenn wir unser Gegenüber verletzen und Dinge tun, die wir besser nicht täten.

Es gibt eine Spiritualität, die uns allen innewohnt, die wir nur neu zu entdecken brauchen. Es gibt eine Kraft, die uns führt, die wir nur zulassen müssen, ohne die wir weiterhin so armselig sind wie die Menschen mit den oben beschriebenen Charakterzügen.

Die Wurzel allen Übels ist die Angst. Wie sollte es auch anders sein? Wenn ich fest davon überzeugt bin, alles selbst regeln zu können und zu müssen, zeugt das einerseits von maßloser Überheblichkeit und andererseits entsteht diese nagende Angst, es doch nicht zu schaffen, diese Last, alles selbst bedenken zu müssen.

Diese Angst bringt uns um. Dieses Jahrhundert wird ein spirituelles oder gar keines sein, weil wir uns vor lauter Kontrolle, Absicherung und Angst selbst in die Luft jagen werden und nicht erkennen, dass wir uns damit bei jedem Schritt in diese Richtung nur selbst schaden.

Angst produziert jene Fälle, die uns später Angst einjagen. Michael Moore hat in seinem Dokumentarfilm „Bowling for Columbine" erschreckend deutlich dargelegt, wie sehr die Amerikaner in eine Spirale der Angst hineingeraten sind. Jede Abweichung von der Norm wird drakonisch bestraft, dadurch entsteht Angst. Diese Angst entlädt sich in schrecklichen Blutbädern, die wiederum zu erhöhtem Waffenbesitz führen, der wiederum zu neuen Schießereien führt, die wiederum zu mehr Angst führen. Die Amerikaner sind die Nation mit der größten Angst, obwohl sie sich am meisten absichern (weil sie sich am meisten absichern).

Was für eine Befreiung, diese Kontrolle loslassen zu können! Was für eine Einsicht, dass wir auch keine andere Wahl haben. Innerlich bringen wir uns schon lange um, äußerlich hat uns der 11. September in eine neue Runde gebracht, den internationalen Terrorismus. Wir können uns nicht mehr sicher fühlen, es sei denn in uns selbst. Es gibt keinen anderen Ort auf der Welt, wir können nirgendwo anders hin flüchten, es gibt nicht die äußere Sicherheit, nach der wir immer streben, für die wir arbeiten und so manches opfern.

Eigentlich müssten die Deutschen am wenigsten Sorgen haben und am glücklichsten sein, sie stehen aber in der Liste der untersuchten Länder ganz hinten. Der Traum vom selbsterschaffenen Glück durch Fleiß zum Wohlstand ist ausgeträumt. Und nun? Der Wirtschaftswundertraum unserer Väter ist am Ende.

Ich kann nur von mir sagen, dass ich froh bin, diese Entdeckung gemacht zu haben. Die innere Leere ist stetig gewachsen, das Gefühl, immer wieder ganz ordnungsgemäß hintergangen zu werden, hat mich auf die Spur gebracht, dass es noch etwas anderes geben muss.

Also habe ich angefangen, loszulassen. Was für ein Erlebnis, wie sich alles in einem zum Guten wendet, in jedem Erfolg und jedem vermeintlichen Misserfolg auf einmal eine persönlich wichtige, zeitlich abgestimmte Lektion zu erkennen, wie von einem Privatlehrer, nur allumfassender (leider nicht immer gratis), die untrennbar zu unserem Weg gehört und uns immer einen Schritt in die richtige Richtung bringt.

Diese innere Gelassenheit muss ich mir immer wieder neu erarbeiten.... STOPP. Das geht nicht, Gelassenheit kann man nicht wollen, es hieße, sie kontrollieren zu wollen. Ich kann sie in Achtsamkeit nur immer neu erfahren und zulassen, die Gewissheit,

- dass das Leben auf mich zukommt und ich nicht dem Leben hinterherlaufen muss,
- dass ich nicht ständig alles verstehen muss (gegen die Verwirrung),
- dass ich Entscheidungen nicht treffe, sondern entdecke,
- dass ich sehe, was ich sehe (gegen die Verleugnung, s.o.),
- dass ich weiß, was ich weiß (gegen die Lüge),
- dass ich weiß, für mich ist immer genügend da, auch wenn andere mehr zu haben scheinen,
- dass das, was ein anderer hat, was es auch immer sei, mir nicht automatisch entzogen ist,
- dass ich mich annehme, wie ich bin (ich brauche mich nicht mehr zu verteidigen),
- dass ich keine Angst haben brauche, ganz gleich, was mir passiert,

- dass ich mir bei meiner Kommunikation selbst zuhöre und nicht vorher verbissen überlegen muss, was ich denn nun anbringen muss, um möglichst viel zu erreichen,
- dass ich mich nicht mit anderen vergleichen muss, weil ich nicht vergleichbar bin,
- dass ich mich nicht zu schämen brauche, weil ich unvollkommen bin (in meiner Suche bin ich vollkommen),
- dass ich mich nicht schuldig fühlen muss (dass ich nicht aus einem Schuldbewusstsein heraus handeln muss), weil ich nicht schuldig bin,
- dass ich dankbar sein kann und dabei ein tiefes Glücksgefühl empfinde, dass ich lebe und im Leben eingebettet bin.

Die mörderische Sucht, Zeit zu sparen

Wenn ich arbeite, weil ich Geld verdienen muss, vergeht die Zeit sehr langsam und ineffektiv, weil ich die ganze Zeit „mache“, um etwas zu erreichen, und nicht, weil ich es einfach aus mir selbst heraus tue.

Das stete Gefühl, nicht genug Zeit zu haben, resultiert daraus, dass wir immer noch so viel schaffen müssen. Dieses Gefühl können wir niemals befriedigen, weil dieses „Immer-noch-mehr-tun-Müssen“ genau das wieder hervorruft: noch mehr tun zu müssen. Es ist eine Spirale, die uns in den seelischen Bankrott treibt, wir werden unsere eigenen Sklaventreiber. Das sollten wir nicht Vorgesetzten, Mitarbeitern oder Kunden zuschieben. Es gibt keine Situation in unserem Leben, in der wir mehr schaffen müssen, als wir können, wir schaffen sie uns immer selbst. Das, was wirklich von uns erledigt werden muss, schaffen wir auch. Aber unsere Unruhe, nicht genug zu schaffen, führt uns genau dorthin: Wir schaffen nicht genug.

Das Gefühl, nicht genug zu schaffen, resultiert daraus, dass wir ständig in der Zukunft verweilen und uns den Kopf darüber zerbrechen, was noch zu erledigen ist und was alles passieren könnte. Wir haben jedoch nur Macht über den Augenblick, er ist die einzige Zeitspanne, die uns zur Verfügung steht, aus ihm heraus entsteht die Zukunft. Wenn wir präsent im Augenblick in uns selbst ruhen, passiert in uns das Richtige, ohne dass wir uns quälen müssen.

Wir unterscheiden automatisch Wichtiges von Unwichtigem und bereiten uns auf das vor, was wirklich kommen wird, ohne alles genau wissen zu müssen. Wenn wir dieses Vertrauen entwickeln können, können wir unweigerlich das tun, was für die nächste Handlung erforderlich ist. Es ist ganz offensichtlich, wenn man es einmal probiert und erfahren hat.

Wenn ich aus dieser Präsenz heraus arbeite, bin ich geistig frei für Intuition, rechne ich nicht mehr die Stunden auf und werde rechtzeitig fertig, weil ich wirklich das tue, was notwendig ist, und brauche trotzdem nicht auf die Uhr zu schauen. Das ist die zweite Ebene hinter der ersten, es ist die eigentliche: Es gibt einen Sinn, es gibt eine klare Linie, es gibt eine innere Führung in uns. Für manche sind es glückliche Zufälle. Wenn man genau hinschaut, passieren sie aber immer dann, wenn es gut für uns ist, somit sind es keine Zufälle mehr.

Ich kann nicht nur aus dem verstandesmäßigen Willen heraus schaffen, es verbraucht mich zur Gänze und verschleißt mich, jegliche Kreativität erlahmt. Das reine Pflichtbewusstsein allein wird uns nicht das Rentenalter erreichen lassen, weil wir vorher verbraucht sind. Es führt niemals zum Ziel, jedenfalls nicht zu dem, dem wir uns meist unbewusst verbunden fühlen, bei dem wir das Gefühl haben: Jetzt bin ich angekommen.

Jede Tätigkeit kann mich ausfüllen und wird mir nicht mehr den Schlaf rauben, wenn ich sie in innerer Gelassenheit tue und mich dabei beobachte, wie ich sie tue. In völliger Präsenz bin ich nur noch ich selbst, ganz gleich, welche Aufgabe ansteht, und tue das, was mich zum Ziel führt.

Wenn Eile geboten ist, bin ich innerlich in der Eile präsent, völlig gelassen und beobachte mich dabei, wie ich alle erforderlichen Handlungen zeit- und sachgerecht erledige. In völliger Präsenz kann nichts anderes geschehen – außer einer Umkehr zu einer neuen inneren Ruhe, die mich automatisch dahin führt, wo ich eigentlich hin will. Ich tue also das, was gerade getan werden muss, und bewege mich automatisch hin zu dem, was ich eigentlich bin und was mir entspricht.

Versuchen Sie einmal, ohne Uhr auszukommen. Es gibt überall genug Uhren, auf die Sie noch schauen können, beispielsweise im Computer oder im Auto. Aber vor allem werden Sie sehen, was für ein positives Zeitgefühl Sie entwickeln, weil es aus Ihnen selbst kommt und nicht von der Uhr an Ihrem Handgelenk. Dann empfinden Sie Zeit nicht mehr als drückenden Engpass, sondern als Woge, mit der Sie eins werden und mit der Sie mitschwimmen.

Aufgaben, die momentan nicht fertig werden, Termine, zu denen Sie zu spät kommen, entpuppen sich als doch nicht so wichtig, oder Ihre Anwesenheit war im ersten Teil des Termins gar nicht dringend erforderlich.

Ich habe noch keine Bahn verpasst, weil ich keine Uhr hatte. Im Gegenteil, ich war offen dafür, zu einem bestimmten Zeitpunkt an einem bestimmten Ort anzukommen, habe diese Verantwortung innerlich abgegeben und mich dann dabei beobachtet, was ich tue. Selbst wenn es dann manchmal hektisch wird, bleibe ich die Ruhe selbst und weiß, dass ich nichts unnötig Eiliges tue, sondern das richtige Maß bewahre.

Hier geht es um ein alltägliches Wunder: Das Leben arbeitet für uns, wir müssen ihm nichts abringen. Das begreifen wir, indem wir einfach vertrauen und zulassen. Wir kommen nicht umhin, den Begriff „Wunder" endlich wieder wie kleine Kinder in unserem Leben zuzulassen. Ich schreibe bewusst zulassen, nicht glauben, weil sie sowieso passieren, wir müssen sie nur in unser Leben hereinlassen und wahrnehmen. Der Geist der inneren Veränderung macht sich auf den Weg, den scheinbar unvernünftigen Weg, der zuletzt der einzig vernünftige bleiben wird.

Wenn wir zu sehr auf Sicherheit bedacht sind, indem wir nicht loslassen, sondern an allem Bisherigen festhalten, werden wir untergehen. Sicherheit kommt in der Natur nicht vor, wohl aber die Gewissheit, dass für jeden Einzelnen das Notwendige da ist – wir müssen es nur in uns selbst finden. Das meine ich nicht im übertragenen Sinne, sondern ganz direkt, ganz konkret.

Das hat auch nichts mit Glauben zu tun, ich glaube schon lange nicht mehr, ich erfahre nur noch. Und doch ist die Übung viel härter als der übliche Fleiß, der übliche Perfektionismus und die übliche Selbstüberwindung, die uns immer wieder betrügen, weil wir uns eine scheinbare Zufriedenheit damit aufbauen, alles zu erreichen, was wir uns vorgenommen haben.

Zeit sparen zu wollen, ist eine Sucht, damit wir uns nicht mit dem Leben beschäftigen müssen. Wir kommen damit zu allem, nur nicht zu uns selbst.

Haben Sie schon einmal festgestellt, dass selbst beim Erreichen des bislang schwierigsten Zieles in Ihrem Leben noch ein Fragezeichen gestanden hat? Es reicht niemals, selbst die tollste für jemand anderen oder für mich ausgeführte Aufgabe hinterlässt immer den faden Beigeschmack, manches hätte noch besser oder schneller gemacht werden können. Dieser Eindruck entsteht, weil wir bei der Ausführung der Aufgabe nicht bei uns selbst waren, sondern bei dem Teil an unserem Handgelenk, das bei manchen wie ein Herzschrittmacher zu funktionieren scheint. Je dicker die Uhr ... ich mag es nicht zu Ende denken.

Es ist wie mit dem Esel, der ständig seinem ihm umgehängten Wassereimer hinterherläuft und ihn nie erreicht: So bemühen wir uns immer, noch besser, schneller, großartiger zu werden.

Sie meinen, dass endet erst mit der Pensionierung? Irrtum, es geht immer noch weiter, das Ich will immer wieder in seiner Wichtigkeit befriedigt werden. Unser wahres Selbst hat doch so viel Geduld, bis ans Lebensende, und dann verzeiht es uns auch noch, dass wir immer hektisch an ihm vorbeigerannt sind. Aber diese Traurigkeit, diese unendliche Traurigkeit über ein ungelebtes Leben kann mich jetzt schon erreichen.

Hektik ist nämlich nicht buntes Leben, es ist die Sucht, sich selbst auszuweichen. Durch Anstrengungen unter Zeitdruck allein werden wir nie erreichen, was wir erreichen wollen. Sie haben aber die Wahl, viel mehr zu sein, als Sie sich bislang in Ihrer Fantasie vorstellen können. Den inneren Zeitdruck loslassen, in sich hineinspüren und die universale Kraft entdecken, die ohne jeden Zweifel auch in Ihnen enthalten ist. Aber es erfordert ein radikales Umdenken.

Manche Aufgaben werden mit einer neuen Einstellung wegfallen, andere werden hinzukommen, mit Sicherheit wird sich Ihr Leben *mit der Zeit* verändern. Manches wird Ihnen auch schmerzhaft vor Augen geführt werden, zum Beispiel dass Sie gar nicht so toll sind, wie Sie immer sein wollten. Wahrscheinlich fällt Ihnen dann auch auf, dass Sie diesem Bild nicht mehr hinterher jagen müssen. Mit Sicherheit kommt dabei auch heraus, dass Sie nicht so klein sind, wie Sie heimlich immer befürchtet haben. Aber diese innere Freiheit, nicht toll sein zu müssen und gleichzeitig nicht klein zu sein, werden Sie nie mehr missen wollen, wenn Sie sie einmal entdeckt haben. Es ist, als wenn ein Pickel aufgeht, der schon lange weh getan hat. Ohne ihn fehlt uns nicht etwas, sondern es geht uns besser und wir sind froh, dass er weg ist.

Es ist so schön, nicht mithalten zu müssen, sondern mit anderen sein zu können, nicht schaffen zu müssen, sondern sein zu können. Es ist alles in uns vorhanden, wir müssen nichts außerhalb suchen. Wir verlieren nichts mit unserer neuen Haltung, aber wir gewinnen viel.

Zeit sparen zu müssen, gibt es gar nicht mehr, weil das, was ich tue, einzigartig ist, und wenn ich gerade nur ein Eis esse. Selbst das tun wir ja gewöhnlich in Eile. Im achtsamen Augenblick liegt das Wunder des Lebens, beim Eisessen genauso wie beim Treffen einer vermeintlich wichtigen Entscheidung.

Wer keine Zeit hat, ist wichtig und damit auch gut. Es fällt uns schwer, auf diese Anerkennung zu verzichten, aber wenn wir uns einmal klar werden, dass wir nicht gut werden müssen, sondern das Gute in uns nur zuzulassen brauchen, fühlen wir uns vielleicht ein bisschen göttlich. Das ist aber keine Anmaßung, sondern wir sind ein Teil des Universums, untrennbar mit ihm verbunden und eins.

Es geht nicht um einen neuen Glauben, sondern um eine Erkenntnis, die nicht realisiert wird, weil sie so offensichtlich ist. Oder glauben Sie etwa, dass Sie morgens aus eigener Kraft die Kaffeetasse heben oder das Auto zur Arbeit fahren und dann auch noch wichtige Entscheidungen treffen, die natürlich effektivitätssteigernd wirken? Glauben Sie immer noch, dass alles nur Zufall ist und der Zufall allein alle Lösungen für das jetzt existierende Weltall gefunden hat? Wenn es so wäre, steckte auch dahinter eine Planung, somit ist es wiederum kein Zufall.

Ganz gleich, an was Sie glauben, Sie wissen in Ihrem Innersten, dass da noch mehr ist. Nicht nur die innere Stimme, die Ihnen sagt, dass Sie schon wieder dies und jenes getan haben, aber besser etwas anderes hätten tun sollten.

Ich meine auch nicht nur das wichtige Zulassen von Gefühlen. Nein, ich meine das Zulassen von einfacher, durchdringender Präsenz im jetzigen und in jedem Augenblick ohne aktives und gewolltes Tun, das Zulassen von wahrhaftiger Intuition.

Einfach nur da sein, sich dabei beobachten, was passiert, und sehen, dass wir noch mehr sind als unser Bewusstsein. Wenn Sie diese Entdeckung einmal gemacht haben, wollen Sie sie nicht mehr missen, sie löst Ihre Probleme mit Aufgaben, Terminen und Schaffenskrisen.

Sind Sie der Meinung, dass Sie nicht genug schaffen oder nicht kreativ genug sind? Von Ihrem Arzt würden Sie milde lächelnd den Tipp entgegennehmen, einmal wieder ein paar Tage auszuspannen, und dann zu sich selbst sagen: Schön wär's, aber ich habe natürlich (!) keine Zeit. Brauchen Sie auch nicht, schalten Sie an Ort und Stelle ab und bemühen Sie sich nicht mehr, alles rechtzeitig erreichen zu wollen. Dann sehen Sie, wie Sie automatisch immer angemessen reagieren, wie Sie ohne Anstrengung das Richtige tun und ohne Zeitdruck alle Termine einhalten, die Sie tatsächlich erledigen müssen.

Immer mehr schaffen zu müssen ist der sichere Weg, überhaupt nichts mehr zu schaffen. Wenn ich mich von meinem Verstand ständig anpeitschen lasse, weil er sich immer noch nicht wichtig genug fühlt und ich immer noch mehr erledigen muss, kann ich alles Mögliche schaffen, nur nicht das, was wirklich wichtig ist, und das ist nicht viel im Leben. Aber selbst das verpassen wir mit Leichtigkeit. Herzlichen Glückwunsch und willkommen im Club!

Immer Zeit sparen zu wollen, ist eine Möglichkeit, nicht am Leben teilzunehmen. Ich bin so in meine eiligen Gedanken verstrickt, dass ich nicht wahrnehme, was wirklich in diesem Augenblick passiert. Ich bin so außerhalb von mir selbst, dass ich später auch ganz außer Atem bin, vor lauter Anstrengung. Dann brauche ich doch wieder erst eine Ruhepause, und das kostet Zeit ...

Auf der Strecke von meiner Wohnung zu meiner Mutter kann ich auf den knapp 80 Kilometern mit dem Auto mühevoll 12 Minuten sparen, je nach dem, ob ich schnell oder langsam fahre. Um diese 12 Minuten zu sparen, nerve ich unzählige andere Verkehrsteilnehmer, verbrauche viel mehr Sprit als sonst, komme nachher selbst genervt an und bin froh, wenn ich wieder zur Ruhe komme. Dafür brauche ich dann allerdings mehr als 12 Minuten. Wenn ich diese Zeit nicht habe, leidet der Austausch mit meiner Mutter, die selbst genervt wird, da meine Seele noch nicht angekommen ist. Sie geht bekanntermaßen eher zu Fuß.

Genauso ist es, wenn wir bei unserer Arbeit alles zack, zack erledigen wollen. Die Ungenauigkeiten, die durch dieses selbst vorgegebene Tempo entstehen, verbrauchen nachher ein Vielfaches der Zeit, um sie wieder auszugleichen. Es ist die reine Zeitverschwendung!

Alles um mich herum kann ich nicht richtig wahrnehmen, ich bin nur noch mit mir selbst beschäftigt und brauche nachher viel Zeit, um wieder ins Leben zurückzukommen. Das ist auch der Grund, warum wir abends nicht wohlig erschöpft von der Arbeit kommen, sondern abgespannt auf das Sofa fallen.

Es war unser Tag, unsere Verantwortung, unsere nicht eingesparte, sondern verschenkte, vergeudete Zeit, Lebenszeit, die nicht wiederkommt. Verbrauchte, nicht erlebte Lebenszeit, die auch die weitere Zeit (den Feierabend, die Nacht) vergiften kann und so immer weiter um sich greift, irgendwann auch die Partnerschaft vergiftet oder immer mehr Menschen gar keine finden lässt.

Lassen Sie Zeit zur Ewigkeit werden, indem Sie nur noch den Augenblick leben. Hier findet das ganze Leben statt, nirgendwo sonst. Auf einmal ist Zeit nicht mehr knapp, sondern in meiner Präsenz, dort wirklich zu sein, wo ich gerade bin, verliert Zeit ihre Vergänglichkeit, ich habe oder verliere sie nicht mehr, ich werde eins mit der Zeit. Hier findet Ewigkeit statt, jeder Moment hat seinen unwiederholbaren und gleichzeitig immer währenden Sinn. Es ist unsere einzige Möglichkeit, dem Zeit-Wahnsinn zu entgehen. Es ist die einzige Möglichkeit, im Leben Verantwortung zu übernehmen.

„Die Menschen verlieren die meiste Zeit damit,
dass sie Zeit gewinnen wollen.“

John Steinbeck

Ein neues Management

Die Bedeutung des Geldes

Zumindest auf deutschen Konten ruht eine Unmenge von Geld. Wahrscheinlich noch nie im Wirtschaftsgeschehen Deutschlands hat es so viel bei Banken geparktes Geld gegeben und gleichzeitig einen so dramatischen Rückgang der Wirtschaftskonjunktur. Geld wird gehortet, dass sich die Balken biegen. Geld hatte aber ursprünglich einen anderen Sinn, nämlich Güter und Leistungen leichter handelbar und bewertbar zu machen. Dieser Sinn geht zunehmend verloren: Geld wird gehortet und nicht wieder ausgegeben, es ist, als wenn Energie gespeichert werden sollte. Momo lässt schön grüßen. Denn Geld ist auch gespeicherte Zeit, ohne Frage kann ich mit gespartem Geld später eine Zeit lang leben bzw. besser leben.

Das funktioniert aber nur, wenn nicht alle sparen. In der jetzigen Wirtschaftssituation geht es den einen so schlecht, dass sie nicht wissen, wie sie die nächste Zeit überleben sollen, die anderen geben das Geld einfach nicht mehr aus. So kommt der Kreislauf zum Erliegen, und auch die, die Geld haben, können es nicht mehr gewinnbringend anlegen, da es der Wirtschaft immer schlechter geht. Es gibt keine Anlagen mehr ohne die Möglichkeit des Totalausfalls, außer vielleicht (!) Staatspapiere, die nur Ausweis einer höheren Verschuldung sind, die durch die schlechte Wirtschaftslage entsteht!

Selbst Immobilien sind nicht mehr sicher: Wenn sie keiner mehr zum bisherigen Preis kaufen kann, sinkt ihr Wert. Hier beißt sich die Katze in den Schwanz, das gesparte Geld geht vielleicht sogar verloren, da es der Wirtschaft immer schlechter geht. Hier zeigt sich mit aller Konsequenz, dass es langfristig gesehen nicht funktioniert, sich gegen andere abzugrenzen, was Geldhorten letztendlich bedeutet.

Die ganzen Börsenbewegungen mit ihrem Auf und Ab finden langfristig mit Glück ihre Mitte in einer moderaten Steigerung des angelegten Wertes. Alle Aufregung war umsonst, alle Anstrengungen waren letztendlich nur Konzepte, sich vermeintlich intelligent von anderen abzugrenzen und seine eigene schnelle Mark zu machen. Alle Börsen- und Wirtschaftszeitungen wussten nachher immer genau, warum was passiert ist und warum jenes nicht. Ein Spiel, das immer groteskere Formen annimmt. In der Presse werden Crashs in der Regel kollektiv verschlafen.

Wenn ich also einmal nicht aufpasse, sind andere schneller als ich und ich habe das Nachsehen. Was ist das für ein blödes Spiel, in dem es immer nur darum geht, schneller als der andere zu sein? Wenn ich nicht schnell genug trickse, tut es ein anderer. Das Tollste daran ist, dass gerade große Konzerne immer mehr in gemeinnützige Aktivitäten investieren und dabei streng darauf achten, dass dies auch publik wird. Das schlechte Gewissen ist da, und wenn nicht, hilft die öffentliche Meinung, das öffentliche Ansehen in jedem Falle nach. Also weiß es im Grunde genommen jeder: Es kommt darauf an, nicht den anderen auszutricksen, sondern sich gegenseitig zu helfen. Das ist die einzige sichere Geldanlage, die ich kenne, unabhängig von immer undurchschaubareren Märkten.

Ihr Verstand sagt Ihnen etwas anderes, aber Sie sind immer nur dann wirklich ertragreich, wenn Sie anderen helfen. Danach ergibt sich alles Weitere von selbst, es ist wie eine Kugel, die andere anstößt, mit dem Unterschied, dass die Kraft der ersten Kugel immer weitergetragen wird und nicht versiegt. Im Gegenteil dazu muss ich mich bei ausschließlich finanziell ertragreichen Geschäften immer wieder absichern, aufpassen, dass nichts verloren geht, und kann nicht vorsichtig genug sein.

Die Masche „ich kann anderen dann am besten helfen, wenn ich selbst genug habe" ist gerade der Ursprung allen Übels. Denn der Gedanke beruht darauf: Was ich habe, kann kein anderer haben, was ein anderer hat, kann ich nicht haben. Was ich jetzt horte, kann ich in Zukunft ausgeben, was ich jetzt ausgebe, habe ich später nicht mehr (siehe Abschnitt „Kontrolle loslassen: Mangelgefühle"). Kurzfristig gedacht, ist es nicht zu widerlegen, aber solche Gedanken benötigen ja nun einmal Langfristigkeit, immerhin geht es um Lebenszeit. Und dort stimmen sie nicht mehr.

Es beruht auf der Vorstellung: Was ich jetzt habe, ist da, danach könnte vielleicht nichts mehr in meinem Sinne passieren, und dann ist es weg. Hier liegt der Irrtum, den sich die ganze Betriebswirtschaft zu Eigen gemacht hat: das Mangelgefühl. Dies führt zu unendlichem Leid, zu unendlichem Handeln ohne Notwendigkeit, ja sogar mit großem Schaden für andere, die erst dadurch gezwungen werden, zu horten und sich gegen andere abzugrenzen.

Damit schließt sich der Kreis nach einiger Zeit, und der Erste sieht sich in seiner vermeintlich weisen Vorausschau bestätigt, dass er ja gut daran getan hat, sich einen Vorrat anzulegen. So geht es immer weiter, bis es letzten Endes wirklich notwendig ist, sich zu bevorraten. Nicht erst die Bibel (auch die buddhistischen Schriften) schilt den Bauern, der sich Getreidevorräte für mehrere Jahre anlegen wollte und natürlich alles verlor, anstatt zu teilen, um dadurch wirklich reich zu werden. Sein tragischer Irrtum war, zu glauben, er wäre in Zukunft sich selbst überlassen. Das stimmt genauso wenig, wie er diese Vorräte vorher nicht anlegen konnte, ohne im Leben eingebettet zu sein, ohne dass für ihn nicht gesorgt wurde. Wie kommt er darauf, dass er jetzt auf einmal allein da steht?

Er hätte besser daran getan, den Überfluss denen zu geben, die ihn nicht haben. Diese Anlage wäre viel sicherer gewesen, denn er hätte Vertrauen aufbauen können, dass ihm in schlechten Zeiten auch geholfen wird. Das Blatt wendet sich immer irgendwann, und genau da liegt die heimliche Angst. Deswegen wird gehortet, die Angst, es könnte verloren gehen, steigt, also wird noch mehr gehortet. Und so haben gerade die wohlhabendsten Menschen die meiste Angst.

Leider ist das schwer vermittelbar, da die Angst im Unterbewusstsein bohrt, sie macht sich häufig nur in einer allgemeinen Unruhe und Angespanntheit an der Oberfläche bemerkbar. Aber dagegen gibt es ja Johanneskraut. Wer kommt schon auf die Idee, dass sein Körper wichtige und ernst gemeinte Botschaften aussendet, dass Natur und Spiritualität nicht trennbar sind?

Schließlich ist der Körper dazu da, uns zu dienen. Und wir holen immer noch mehr aus ihm heraus, wir sind schließlich ertragsorientiert, nicht wissend, dass auch das müßig ist, weil der Körper immer das gibt, was gerade gut ist. Was darüber hinaus sein muss, holt er sich wieder zurück. Wir merken es daran, dass nach einem Jahr Überarbeitung mindestens ein halbes Jahr auf Sparflamme gekocht wird (wogegen man sich natürlich wieder anstrengen kann, so nimmt der Kreislauf kein Ende), das kann man auch in kürzeren und in längeren Zeiträumen denken.

Und so kommt eins zum anderen: Durch mangelnde Achtsamkeit für unseren Körper und mangelnde Achtsamkeit für unser Selbst, weil wir immer nur auf unseren Verstand hören, schraubt sich die Spirale immer weiter, so dass man tatsächlich in der selbstgeschaffenen Realität untergeht.

Beinahe lustig ist dann (wenn es nicht so traurig wäre), wie wir uns zusammenscharen, in der Abgrenzung Gemeinsamkeit suchen, die Risikobewussten, die Ängstlichen, die Unsicheren. Und so entsteht schnell eine Hierarchie, die in dem Moment sogar sinnvoll ist, da mit diesen Einstellungen tatsächlich effektiver in der Hierarchie gearbeitet werden kann. Und so stützt eine abgegrenzte Gruppe die andere, und in sich stimmt wieder alles, es ist kaum zu glauben. Deswegen wird auch keine Notwendigkeit gesehen, etwas daran zu ändern. „So ist eben unser Wirtschaftssystem", kann man hören. Dann ist ja alles geklärt.

Die Wahrheit ist, dass wir alle zusammen untergehen oder alle zusammen weiterleben. Die Motti „der Stärkere siegt", „jeder ist seines Glückes Schmied", „umsonst ist nur der Tod" sind beinharte Unsinnigkeiten, die nur aus dem System der Trennung, der Abgrenzung gegeneinander entstehen können. Wir sind selbst gar nichts, wir können versuchen, verantwortungsbewusst und sparsam mit unseren Ressourcen umzugehen, darin liegt auch der Sinn der Betriebswirtschaft. Aber das wird gerade bei den echten Ressourcen, unserer Umwelt, häufig immer noch nicht als rentabel angesehen, es ist völlig auf den Kopf gestellt.

Und so wird die Bedeutung des Geldes völlig pervertiert, sie wird für persönliche Zwecke regelrecht missbraucht, und es wird gesellschaftlich akzeptiert, ja sogar gefordert. Wer nicht hungrig genug ist, hat nicht die richtige Einstellung zum Leben. Es kommt gut an, wenn man neben seiner 60 bis 80-Stunden-Woche noch 5 % Pro-Bono-Arbeit leistet, das ist chic, und man kann abends davon in der Bar erzählen.

Und dann wundern wir uns, dass wir uns trotz all dem Erfolg immer noch einsam fühlen, dass wir uns immer die Hacken ablaufen, um noch einen Auftrag zu kriegen oder um das Projekt noch besser durchzuführen. Das alles nur, weil wir glauben, alles selbst leisten zu müssen, allein in der Welt zu stehen, gegen alle und alles bestehen zu müssen.

So ist es aber nicht. Ohne die Erfahrung, dass wir nicht nur alle in einem Boot sitzen, sondern untrennbar miteinander verbunden sind, dass in uns ein Urwissen wohnt, das sich nur langsam befreit, aber mit ungeheurer Kraft kommt, dass es eine ungeheure Weisheit gibt, die wir nicht mit dem Verstand erfassen, sondern die wir nur in uns zulassen können, werden wir untergehen.

Frauen stehen diesem Wissen häufig näher und werden dann als unlogisch beschimpft. Dabei ist dies ein Kompliment, wie es größer nicht sein könnte. Logik ist ein schwaches Argument, wenn es allein zum Zuge kommt. Logik ist das Fett auf der Kette, damit alles glatt läuft, nicht mehr.

Die Dominanz des Geldes zieht immer neue Kriege und eine zusehends schlimmer werdende Umweltzerstörung nach sich. Ironie des Schicksals: Beides kurbelt wieder die Wirtschaft an, ob es nun der Aufbau eines Krisengebietes ist oder die Herstellung von Klimaanlagen. In Australien beispielsweise sind in der Gegend um Melbourne manchmal an einem Tag alle vier Jahreszeiten zu beobachten. Temperaturschwankungen von über 20 Grad sind dort an der Tagesordnung. Selbst bei uns regt sich schon keiner mehr über 10 Grad Temperaturschwankung auf. Das ist eben so!?

Die Vision einer neuen Politik besteht wohl kaum darin, einfach noch mehr zu sparen. Die jüngst vorgestellte Agenda 2010 von Bundeskanzler Schröder dreht die Schraube nur noch weiter. Das hilft wieder über ein paar Jahre hinweg, aber es wird nicht besser, weil es immer nur darauf hinausläuft, noch weniger Geld auf noch weniger Leute zu verteilen. Das wiederum bewirkt, dass das

Geld weniger zirkuliert, und so sind wir wieder beim oben dargestellten Problem. Die Katze beißt sich in den Schwanz, weil dadurch wieder Geld dem Kreislauf entzogen wird (das, was vorher zu viel ausgegeben wurde, bremst nun doppelt, weil es zurückgeholt werden muss).

Es geht nur mit einem radikal veränderten Denken. Deswegen habe ich auch den Mut, „unrentable" Dinge zu sagen, weil im Grunde jeder von uns weiß, dass es nicht mehr so weitergehen kann. Alle logischen Überlegungen haben versagt.

Die Nebenwirkungen des bisherigen egoistischen Gewinnstrebens einschließlich der Umweltverschmutzung werden immer schlimmer. Immer weniger Menschen sind bereit, sie unreflektiert hinzunehmen. Es ist einfach nicht mehr rentabel! So bekommt Rentabilität auf einmal eine wichtige, eine andere Bedeutung: Die Faktoren Unzufriedenheit, Unruhe, innere Leere und körperliche Symptome müssen auf einmal in die Berechnung mit einbezogen werden.

Und wir lernen, dass es irgendwo etwas gibt, das allem entspricht, ohne guten oder schlechten Deckungsbeitrag, ohne Vor- und Nachteile, ohne Flip-Chart-Auswertung, ohne Begrenzung auf einige wenige Annahmen, ohne Erstellung eines Konzeptes, ohne teure Unternehmensberatung und ohne allzu hohe Kosten: Es ist die alles anerkennende Gemeinschaft mit anderen, die Verantwortung für jeden einzelnen Menschen auf diesem Planeten, die Einheit aller Gegensätze: Es ist die Neuentdeckung der Liebe. Betriebswirtschaft wird zum Werkzeug und ist keine Weltanschauung mehr.

Wie können wir das praktisch bewerkstelligen? Vor allem sollten wir nicht wieder in die gleiche Falle tappen, in der wir in den westlichen Industrienationen stecken: alles logisch anpacken zu müssen, Ideen und Konzepte erstellen, die Ärmel hochkrempeln, neue Kommissionen einrichten, am besten noch eine Kommission für die Kommissionen.

Nein, wir machen etwas anderes. Wir können hier und jetzt bei uns selbst anfangen. Wir setzen uns einmal in Ruhe hin, verzichten auf sonst unvermeidliche Ratschläge und eifriges Geschäftigsein. Wir brauchen keinen überfüllten Schreibtisch, wir brauchen keine überlange Sitzung, wir brauchen keine Überstunden, wir brauchen keine Chartauswertungen.

Wir brauchen nur uns selbst. Und wir horchen in uns hinein, ganz still, ganz in Frieden mit uns selbst, voller Vertrauen, im Gefühl des Einsseins, ohne Angst, ohne Konkurrenz, ohne Festhalten an irgendetwas. Wir bemerken unseren Atem, er wird ganz ruhig, wir werden eins mit ihm, und dann entdecken wir etwas, was wir vielleicht lange nicht mehr wahrgenommen haben: den nächsten Schritt. Wir wissen ihn auf einmal, ohne ihn logisch herbeigedacht zu haben, er ist in uns, und wir wissen, dass er richtig ist, wir wissen vielleicht nicht warum, aber wir wissen: Das ist es!

Die Lösung liegt immer in uns verborgen. Das können wir jeden Tag aufs Neue, in jeder Situation ausprobieren, und es ist noch kein klar vor uns liegender Weg – es sind nur Schritte, es ist immer der nächste Schritt. Rückblickend erkennen wir dann den Weg. Unser Verstand „setzt" sich in dem Moment wieder an die erste Stelle. Natürlich meint er wieder, selbst darauf gekommen zu sein, im wahrsten Sinne des Wortes, und schon sind wir wieder in der Trennung.

In der Wirtschaft nichts Neues

Die vorgeschlagenen Maßnahmen zur Wirtschaftsreform sind die gleichen wie in jeder Rezession: Lohnnebenkosten sparen, Leistungen des Staates einschränken, Arbeitnehmerrechte kürzen und so weiter und so fort. Die

Beschneidung der Arbeitnehmerkosten und der Staatsleistungen ist betriebswirtschaftlich durchaus sinnvoll. Volkswirtschaftlich jedoch wird das eingesparte Geld dem Geldkreislauf entzogen, führt zwangsläufig zu weiteren Einsparungen der Arbeitnehmer selbst und ist wiederum kontraproduktiv, was die Verbesserung der Konjunktur angeht.

Alle sind sich einig, dass gespart werden muss, wohlweislich, dass damit der Wirtschaftskreislauf noch mehr eingeschränkt wird. Alles in allem also die gleichen Maßnahmen wie bei jeder Rezession.

Jeder glaubt, dass ein Crash wie 1929 an der New-Yorker-Börse nicht mehr geschehen kann, da es genug Absicherungssysteme gibt, die den freien Fall der Wirtschaft unmöglich machen. Die Wirtschaftsrezession, in der wir stecken, ist aber eine andere als die vorangegangenen. Es kommen zu viele Faktoren zusammen, für die Zukunft sind zu viele Variablen nicht zu bestimmen, müssen gar neu definiert werden.

Wir haben eine sehr bedenkliche Wirtschaftssituation: Die Zinsen sind niedrig, gleichzeitig (!) erholen sich die Aktienkurse nicht mehr richtig, sogar Immobilien verlieren an Wert, in einigen Gebieten dramatisch, in einigen deutet es sich an. Die „echte" Arbeitslosigkeit betrifft 7-8 Millionen Arbeitslose im Verhältnis zu 38 Millionen Erwerbsfähigen (Vergleich von Arbeitsminister Clement im Jahr 2003) und liegt damit bei bis zu 17 Prozent.

Außerdem hat der Irak-Krieg die Wirtschaft der USA nur scheinbar angekurbelt (wenn, wäre es schlimm genug): Die produzierten Waffen haben den Staatshaushalt belastet und müssen irgendwann also wieder eingespart werden. Der Bumerang-Effekt setzt gerade ein.

Vor allem aber führt sich unser Wirtschaftssystem langsam selbst ad absurdum: Es ist auf Wachstum angelegt. Es lebt vom Wachstum. Wachstum ist aber in vieler

Hinsicht schädlich und kann nicht unbegrenzt fortgeschrieben werden: Es geht nur auf Kosten der Umwelt, fördert Verschwendung und Umweltschäden. Letztere werden immer unübersehbarer. Selbst die Zunahme von orkanartigen Stürmen bis hin zu Tornados in Deutschland wird bereits jetzt vorhergesagt.

Der Aufbau von Windkraftanlagen in Deutschland ist in wenigen Jahren faktisch unmöglich: Die Bürgerbegehren nehmen kein Ende, und es gibt kaum noch freigegebene Stellflächen. Offshore-Windanlagen auf See werden von den Banken kaum finanziert, weil die Unterhaltkosten noch nicht absehbar sind. Dabei könnte man den gesamten Energiebedarf Europas durch Offshore-Windanlagen decken, aber das interessiert keinen so richtig. Das Klima verändert sich mittlerweile für jeden spürbar. Weiterhin findet Wachstum auf Kosten von Menschen statt.

Die Versicherungen haben für das Szenario, dass ihre Anlagen sich aufgrund der Konjunktur in Bezug auf die Rendite stark verschlechtern, keine Antwort parat. Wenn man bedenkt, wie viele Banken davon betroffen sein könnten, kann man vermuten, dass die Banksicherungsverfahren irgendwann einmal nicht mehr ausreichen.

Die Zahl der Länder, die sich mit Gewalt in der Welt Gehör verschaffen, kann nur zunehmen. Die Not in einigen Ländern der Erde ist unvorstellbar groß, während in anderen Ländern die Verschwendung ebenfalls unvorstellbare Dimensionen annimmt.

Der 11. September 2001 war vielleicht ein Startschuss, das Weltmachtsgebaren der USA wird diesen Aufschrei nur noch fortsetzten. Wir werden keinen Frieden und damit keine ausgeglichene Wirtschaftslage bekommen, wenn wir die Erde nicht als Wohnort von gleichberechtigten Völkern anerkennen. Nur wenn alle ein würdevolles Leben führen können und wir alle als gleichberechtigt ansehen, nur wenn wir helfen statt herrschen, dienen statt konsumieren, kann in Frieden eine Wirtschaft entstehen, die allen zugute kommt, in der Schwankungen sich ausgleichen können.

Wir können nicht immer nur die gleichen betriebswirtschaftlichen und volkswirtschaftlichen Hebel bewegen und gar nicht bemerken, dass das nur eine Korrektur von Symptomen ist, die an der Situation nichts ändern, außer dass sie einigen Recht geben und andere Unrecht bekommen. Diesmal haben die Gewerkschaften den schwarzen Peter gezogen. Die Wirtschaft wird sich nicht so schnell erholen, und ob die Agenda 2010 mehr nutzt als schadet, steht in den Sternen.

Die Situation ist anders als sonst: Es stehen wirklich alle Zeichen auf Sturm, und diese Zeichen werden nicht durch ein paar Korrekturen an den Ausgaben verbessert, es ist geradezu lächerlich. Jeden Abend werden in den Nachrichten neue Hiobsbotschaften aus der Wirtschaft laut, auch das Sehen des Börsenberichtes gehört mittlerweile zum guten Ton. Dabei haben – wie immer – alle Börsenprofis, alle Wirtschaftszeitungen die letzte Aktienflaute kollektiv verschlafen. An Tipps danach hat es wiederum – wie sollte es anders sein – nicht gefehlt.

Je weniger erfolgversprechend die gepredigten Maßnahmen sind, umso mehr hält man daran fest. Scheinbar bemerkt niemand die große Hilflosigkeit, die dahinter steckt. Es ist, als wenn sich Ertrinkende an einem Strohhalm festhalten. Die Wirtschaftsbosse haben wieder Aufwind, jeder lauscht ihnen andächtig: Was sie sagen, hat Gewicht. Das liegt aber nur daran, dass sie mit größter Glaubwürdigkeit immer das Gleiche wiederholen, schließlich hat ja niemand eine bessere Idee.

Jeder kann nur erzählen, was er an der Universität gelernt hat oder was ihm seine Berater geraten haben. Dieses gemischt mit ein paar „Erfahrungswerten", und schon ist eine Meinung fertig. Das A und O einer fundierten Meinung ist immer der Verstand. Geradezu penetrant wird alles andere ausgeschaltet, denn schließlich geht es hier um die Wirtschaft. Da brauchen wir Logik, emotionslos und nüchtern!

Gerade der Verstand sollte uns aber zeigen, dass wir nicht alles mit dem Verstand klären können. Gerade der Verstand sollte uns sagen, dass die Wirtschaft nicht im luftleeren Raum schwebt, sondern dass Wirtschaft Ausdruck der Lebens- und Arbeitssituation sowie des Lebensgefühls und der Ansichten von Menschen auf der ganzen Welt ist, dass diese miteinander vernetzt sind, dass sie untrennbar miteinander verbunden sind. Wenn es einem schlecht geht, geht es irgendwann auch dem anderen schlecht, daran ist nichts zu rütteln, das ist sogar volkswirtschaftlich belegt. Wer hätte das gedacht?!

Und trotzdem beruht unser Wirtschaftssystem darauf, möglichst viel zu bekommen. Natürlich ist man fair, vielleicht nicht immer aus ethischen Überlegungen heraus, aber bestimmt aus dem Grund, dass sonst das nächste Geschäft vielleicht nicht stattfinden würde.

Manche Länder müssen ihre Waren zu Marktpreisen feilbieten, an denen sie selbst zugrunde gehen. Länder werden von den USA gezielt destabilisiert, um eine vermeintliche Gefahr zu bannen. Und es wird natürlich stillschweigend vorausgesetzt, dass diese Länder das einfach so hinnehmen, dass sich nicht eine Welle von Hass bildet, die sich manchmal über Generationen fortträgt und irgendwann beim Verursacher wieder entlädt, der natürlich wieder zu Gegenmaßnahmen greift. Hauptsache, es bleibt alles beim Alten, wir bleiben bei unseren Ansichten, alles bleibt so, wie es uns schon unsere Väter gelehrt haben!?

Die meisten Väter haben sicher auch gelehrt, dass das Leben unser höchstes Gut ist, dass kein Mensch glücklich sein kann, wenn es der Nachbar nicht ist, dass das Leben der beste Lehrer ist. Letzteres heißt aber auch, dass man wirklich bereit ist, zu lernen und nicht nur hektische Maßnahmen verkündet oder immer die gleiche Leier von den Wirtschaftstheorien aus dem vierten Semester von sich gibt.

Statisches Denken bringt uns nicht mehr weiter, wir können nur überleben, auch wirtschaftlich, wenn wir existenziell neu denken lernen, und das heißt, alle Teile unseres Seins mit einbeziehen. Nicht bekommen wollen, sondern dienen können, nicht haben wollen, sondern helfen, nicht Macht ausüben, sondern dienen, nicht besser sein wollen, sondern Umsicht üben, nicht beanspruchen, sondern verantwortlich sein.

Dabei müssen wir dieses neue Denken gemeinsam einüben, es geht nur, wenn alle mitmachen. Es kann aber Schritt für Schritt passieren, indem jeder in seinem Bereich anfängt. Was wäre es für eine Erlösung, wenn sich niemand mehr Sorgen um sein Hab und Gut zu machen bräuchte, sondern nur noch um das seiner Nachbarn, wenn sich niemand schützen müsste, sondern nur den anderen. Das scheint im Augenblick utopisch zu sein, ja geradezu verrückt.

Aber wir brauchen endlich eine Vision, eine die uns verbindet, die *alle miteinander* verbindet, die den grassierenden Egoismus ächtet, nicht mehr gesellschaftsfähig macht.

Ohne diese Vision gehen wir unter. Keiner kann all die Fragen beantworten, die unsere jetzige Konjunktur und Weltlage aufwerfen, weil die Kernfrage immer höflich umgangen wird. Schließlich ist dies ja Privatsache, selbstverständlich und intim, also redet man nicht darüber: der kollektiv ausgeübte individuelle Egoismus.

Mit wenig Geschick können all diese Argumente vernichtet werden, daran zweifle ich keinen Augenblick. Und es könnte als unverantwortlich und unprofessionell gebrandmarkt werden. Und jeder – auch ich – hält kleinlich an seinem bisher Erreichten fest und bemerkt gar nicht, dass er nur sich selbst entfremdet, weil Egoismus nicht unserer wahren Natur entspricht. Egoismus ist Ausdruck von Angst, die sich in mangelnder Liebe äußert, unter der wir alle leiden. Mit Festhalten und Rechthaben („da könnte ja jeder kommen") kommen wir nicht mehr weiter, es verzögert unser Umdenken nur.

Wirtschaftlich gesehen, wäre es viel besser, es würden alle Bereiche unseres Seins abgedeckt, es wäre viel rentabler! Mit betriebswirtschaftlichen Konzepten könnten wir das sogar begründen, aber diese sind nicht mehr notwendig, weil es sich von selbst erklärt, wir müssen nur irgendwann anfangen. Wir leben nicht nur alle in einer Welt, wir sind eine Einheit. Keiner kann ohne den anderen leben, wir brauchen nur in uns hineinzuhorchen.

Das Motto „das wäre ja alles schön, aber ..." führt sich selbst ad absurdum: Intuition kann nicht weniger wert sein als Verstand, darf es nicht mehr sein, es ist eine Urweisheit, die wir unverlierbar in uns tragen, wir müssen sie nur neu entdecken.

Damit kommen wir zur ganz persönlichen Seite der Wirtschaft.

Eine neue Führung

Der Gedanke, das Leben selbst meistern zu können, alles selbst leisten zu müssen, ist zwar ehrenwert, aber ohne unser Aufgehobensein in der Welt würden wir nicht existieren, ja, wir wären gar nicht erst geboren worden. Wir bestimmen unser Leben nicht selbst. Hier muss ein ganz neues Management einsetzen. Wir bilden uns nicht mehr nur weiter, sondern bilden uns in uns selbst immer weiter. Wir lernen, zu dienen, statt Machtansprüche durchzusetzen, und zu helfen, dass andere ihre Stärken finden.

Wir verbergen unsere tatsächliche Unsicherheit nicht mehr durch endlose Meetings, nicht enden wollende Qualitätssicherungsverfahren, an die sich nachher doch keiner hält, sondern wir lernen, zur Ruhe zu kommen, auf uns selbst zu vertrauen und jeglichen Aktivismus fallen zu lassen. Wir lernen wieder neu, was es heißt, bescheiden zu sein, lernen wieder neu, was es heißt, demütig zu sein.

Aus dem Wissen heraus, dass wir nur Werkzeug, nicht Ausführender sind, können wir unsere wahre Leistung zur Geltung bringen und uns ganz dort zur Verfügung stellen, wo wir hingehören: Dort, wo wir *jetzt sind.* Es erfüllt uns mit einer unglaublichen Kraft, dies zuzulassen, und führt uns unserer wahren Bestimmung entgegen.

Wir können uns ein ganzes Leben dagegen sträuben und immer nur „unsere Pflicht" tun. Dann werden wir sicher am Ende des Lebens stolz sein, dass wir auch in schwierigen Zeiten durchgehalten haben. Nur dass wir übersehen, dass wir aus den schwierigen Zeiten nichts gelernt haben.

Dieses Gefühl, „es geschafft" zu haben, diese Befriedigung, seine Richtung beibehalten zu haben, resultiert bestenfalls davon, dass es nun vorbei ist, dass wir es nicht mehr aushalten brauchen. Denn jetzt, da „es" vorbei ist, sind wir wieder ganz bei uns. Nur dass wir es die ganze Zeit hätten sein können, wenn wir ein bisschen Mut gehabt hätten, bemerken wir dabei nicht. Schade um die verschenkte Zeit.

Aber das Leben gibt uns in jeder Minute eine neue Chance, auch noch in der letzten unseres Lebens, vielleicht da besonders: endlich Wertvorstellungen loszulassen, die nur in unseren Vorstellungen Werte sind, die es in Wirklichkeit gar nicht gibt, die wir nur gelernt und brav übernommen haben, die uns aber nur dazu verhalfen, alles so zu machen wie bisher.

Das war ursprünglich eine gute und sinnvolle Sache, aber wir haben die Kurve nicht gekriegt, aus Altem Neues zu entwickeln, das Alte besser loszulassen und sich weiterentwickeln zu lassen. Schade.

Was haben wir zu verlieren? Was können wir gewinnen? Immerhin das Leben, das Einzige, das uns bekannt ist, das Einzige, wofür wir die Verantwortung tragen, das Einzige, wo unsere Sehnsucht wohnt, wo unsere Sehnsucht gestillt werden kann.

Entscheidungen anders sehen

Logik ist ein schwaches Argument. Wir meinen häufig, etwas allein aus logischen Gesichtspunkten heraus zu entscheiden. In Wahrheit dient häufig die Logik dazu, Entscheidungen hoffähig zu machen, von denen wir wissen, dass wir sie treffen werden, weil wir es so wollen. Entscheidungen aufgrund von betriebswirtschaftlichen Berechnungen sind wohl auch eher die Ausnahme, denn erstens lassen sich wirkliche Innovationen kaum ernsthaft vorausberechnen, allenfalls gewisse Tendenzen sind möglicherweise vorher erkennbar. Zweitens werden Entscheidungen danach gefällt, was uns innerlich am meisten überzeugt, sei es eine bestimmte Person, die uns für etwas zu gewinnen sucht, sei es eine Investition, von der wir uns persönlich am meisten versprechen, von der wir uns vielleicht gar eine Stärkung der eigenen Position erhoffen. Die nüchtern betrachtete Vorteilhaftigkeit steht dann auf einem ganz anderen Blatt.

Das wissen wir bereits alles, und das ist eigentlich auch nichts Neues. Es soll nur der Vollständigkeit halber aufgeführt werden. Mir geht es eigentlich um etwas ganz anderes. Manchmal fällt es nämlich sehr schwer, eine Entscheidung zu treffen. Sei es nur das morgendliche Oberhemd und die dazu passende Krawatte, sei es die Entscheidung, ein großes Projekt zu übernehmen, sei es die

Entscheidung, unter die bisherige Position einen Schlussstrich zu ziehen. Bei jedem sind es andere, aber alle haben eins gemeinsam: Eigentlich wollen wir sie nicht treffen, weil sie Konsequenzen zu bergen scheinen, die wir nicht kennen oder zu verantworten scheuen (die Krawatte mal ausgenommen).

Ich behaupte, dass es solche Entscheidungen überhaupt nicht gibt, und lade Sie wiederum ein, es selbst auszuprobieren, nachdem Sie sich eine Weile auf sich selbst konzentriert haben und nun schon einige Übung darin haben, den Dingen – vor allem den inneren – auf den wahren Grund zu gehen, zu schauen, was wirklich dahinter liegt, wenn Sie furchtlos Ihr Selbst erkunden.

Warum gibt es solche Entscheidungen nicht? Es beginnt doch bei für uns persönlich schwierigen Entscheidungen zunächst damit, dass wir sehen, da kommt etwas auf uns zu, womit wir uns am liebsten überhaupt nicht beschäftigen wollen. Was wir zuerst sehen: Es braucht nicht jetzt entschieden zu werden. Jetzt gibt es zwei Möglichkeiten.

Fall a) Wir warten wirklich so lange, bis wir gar keine andere Wahl mehr haben, als uns für irgendeine Lösung zu entscheiden, ganz gleich, für welche.

Fall b) Wir bemerken selbst, dass wir langsam in die Falle von a) gehen und führen uns das Problem nochmals vor Augen, um es dann wieder ...

Schluss! Aufhören! So kommen wir doch keinen Schritt weiter, oder?

Warum nutzen wir nicht systematisch etwas scheinbar ganz Unsystematisches: unsere Intuition. Natürlich kommt Sie uns manchmal unverhofft zugute, aber wir können sie jederzeit bemerken, denn sie ist eigentlich immer da, sogar bei der Krawatte. Ich habe schon manches Mal festgestellt, dass ich nicht wusste, warum ich mich für das weiße Hemd mit der schönen Krawatte entschieden hatte, um dann vier Stunden später unvorhergesehen zur Vorstandssitzung gebeten zu werden, auf der ich mich so angezogen besser gefühlt habe, was ich an normalen Tagen nicht so empfand.

Auch hier gilt: Wenn wir uns einmal für ein paar Minuten ganz in uns zurückziehen, nach keiner Lösung schielen, sondern nur auf unseren Atem achten, wie sich unser Körper anfühlt, wo wir verkrampft sind, wie sich unser Knoten im Magen anfühlt, einmal alle Bedrängnis für diesen kurzen Zeitraum loslassen, dann entdecken wir auf einmal Folgendes: Es gibt gar keine Entscheidung zu treffen, denn sie ist selbst in uns getroffen, bevor wir es gewusst haben. Es gibt gar keine Schwere mehr, wir nehmen die Antwort in unser Bewusstsein hinein und entdecken erst jetzt, dass wir sie schon vorher gefühlt haben.

Das ist alles. Wenn wir Angst haben, eine Entscheidung zu treffen, dann hat es oft auch einen guten Grund, der sich darin äußert, dass wir Angst haben, eine Entscheidung zu treffen, die unserem Innersten widerspricht. Und darum müssen wir dieses Innere zutage fördern, damit es uns bewusst wird.

Noch etwas zum schwierigen Thema Entscheidungen: Viele Menschen plagen sich häufig mit der „Was-wäre-wenn-Frage". Hätte ich so entschieden, wäre das passiert, und hätte ich jetzt ...

STOPP. Das hätte ich nicht, weil wir immer nur lineare Entscheidungen treffen können. Wir wissen nur, was im Moment bekannt ist, allein die Entscheidung selbst kann schon wieder Veränderungen in Gang setzen. Und so wissen wir nie, welche Konsequenzen die andere Entscheidung wirklich gehabt hätte, von denen wir gar nichts wissen können.

Immer, wenn wir meinen, eine falsche Entscheidung getroffen zu haben, zeigt es sich, dass auch diese Entscheidung etwas Gutes hervorbringt. Wir können niemals alle Komponenten berücksichtigen. Und so kommen wir nach einer gewissen Zeit darauf, dass Entscheidungen einfach dazu da sind, getroffen zu werden, dass es nicht mehr so sehr darauf ankommt, welche Entscheidung man trifft. Es gibt gar keine falsche Entscheidung.

Es kommt nur darauf an, bei sich selbst zu bleiben, in sich hineinzuhorchen, zur Ruhe zu kommen und die Entscheidung in sich wachsen zu lassen. Dafür brauchen wir keine hektischen Meetings, keine überfüllten Schreibtische, kein geschäftiges Stöhnen, nur uns selbst und unsere innere Ruhe. Wo war sie gleich noch?

Verantwortung neu verstehen

Die meisten von uns kennen den Begriff der Verantwortung hauptsächlich unter der Bedeutung, Rechenschaft abzulegen oder Tadel zu erteilen. Ein verantwortungsbewusster Mensch hat alles „im Griff", ansonsten wird man zur Rechenschaft gezogen und muss Tadel einstecken oder/und erteilen. Wie könnte da Verantwortung etwas anderes als eine Last bedeuten, die uns Frust statt Lust bringt?! Hier sind wir in unserem eigenen Netz der Kontrolle gefangen und selbst unsere schlimmsten Aufseher.

Dabei hat Verantwortung auch einen sehr positiven Inhalt. Verantwortung bedeutet die Fähigkeit, zu antworten. Zu antworten auf die neuen Fragestellungen, die sich keiner zu beantworten traut. Fragen, die uns Kunden, Mitarbeiter und Vorgesetzte nicht stellen, weil sie sie nicht stellen können. Die Fragen nach einer neuen Orientierung, damit das Unternehmen florieren kann und Mitarbeiter wieder gerne an ihren Arbeitsplatz gehen.

Wir wissen nämlich, dass mit Rentabilitätskennziffern allein in Zukunft kein Unternehmen mehr zu führen sein wird. Wir wissen, dass unsere Ausbildung uns keine

Antworten auf die Fragen der Zukunft gibt. Wir können und wollen uns nicht mehr dahinter verstecken, dass uns das Diktat der Rentabilität ja keine andere Lösung lässt, weil wir eine wirkliche Verantwortung haben, die zu leugnen unaufrichtig wäre.

Vielen ist längst klar, dass sie irgendwann ihrem inneren Gefühl, nicht mehr so weitermachen zu wollen wie bisher, auch nachgeben müssen. Die uralten so genannten weichen Faktoren wie Demut, Liebe und Fürsorge tragen in sich eine sehr schöne Freiheit, die Freiheit, so zu sein, wie wir es eigentlich wollen. Unsere Tätigkeit muss über das Geldverdienen hinaus eine sinnvolle Funktion haben, und es reicht nicht aus, Menschen einen Arbeitsplatz zur Verfügung zu stellen, auf dem sie ihre Schicht abreißen. Warum das nicht reicht? Weil es niemanden, auch nicht uns selbst, wirklich zufrieden stellt, wir können es jeden Tag fühlen. Das komische Gefühl im Bauch kommt nicht irgendwo her. Und es gibt keinen Grund, warum es nicht möglich sein sollte, auch in einer Zeit der schleppenden Konjunktur eine Zufriedenheit zu schaffen, die zu einer besseren Leistung anspornt, die auch bei leeren Kassen (gerade bei leeren Kassen) noch Zusammenhalt und Verantwortung des Einzelnen garantiert, weil sie von uns ausgeht und gefördert wird.

Dazu ist es wichtig, dass wir unsere Angst ablegen, unsere Angst, nicht akzeptiert zu werden, unsere Angst, unsere Stelle nach herkömmlichen Maßstäben nicht auszufüllen. Wenn wir nicht unserer Intuition folgen und das tun, was wir für wirklich notwendig halten, haben wir unsere Position nicht zu Recht inne und werden uns irgendwann fragen müssen, warum das alte Konzept nicht mehr aufgeht und der Druck immer größer wird, je mehr wir leisten.

Je mehr wir nämlich nach dem alten Prinzip von Macht und Kontrolle arbeiten, umso mehr fühlen wir uns allein gelassen, noch schlimmer, wir sind es wirklich, weil wir uns so abgegrenzt haben, dass ein wirklicher Austausch nicht mehr möglich ist. Dieses Gefühl der Einsamkeit, die in uns nagt, ist so kalt und zermürbend. Wer hat uns bloß erzählt, dass das so sein muss? Ohne es zu wollen, geben wir dieses Gefühl immer weiter, bis es schließlich zur Atmosphäre des Unternehmens oder der Abteilung wird.

Wir haben die Verantwortung für Kunden, Vorgesetzte und Mitarbeiter gleichermaßen. Nur die verantwortliche Haltung gegenüber allen Gruppen stellt dauerhaft auch die Zufriedenheit jeder einzelnen Gruppe sicher. Wie können wir das konkret erreichen? Wie können wir Liebe, Demut und Fürsorge umsetzen?

Zunächst leiten wir nicht mehr, indem wir Anweisungen erteilen, sondern wir informieren. Wenn Mitarbeiter gut informiert sind, auch über die notwendigen Kenntnisse hinaus, können sie selbst mitdenken und brauchen daher weniger Einschränkungen. Sie sind aufgefordert, im Rahmen der gesteckten Zeit- und Geldressourcen das optimale Ziel zu erreichen, und es liegt an ihrer Leistung, das optimale Ziel zu erreichen.

Demut heißt, nicht darauf zu achten, dass man alles delegiert, sondern es heißt, da einzuspringen, wo wirklich Not am Mann ist (es ist die gleiche Methode, aber von einer emotional intelligenteren Haltung aus). Schon als Kind, als ich noch mit meinen Eltern in den Urlaub gefahren bin, hat es mich tief beeindruckt, dass der Besitzer eines sehr angesehenen Hotels immer dann mittags mitbediente, wenn Not am Mann war. Das hatte zur Folge, dass die Kellner sich in ihrer Tätigkeit verstanden und anerkannt fühlten und dass der Chef direkten und unkomplizierten Kontakt zu seinen Gästen bekam sowie manches Wehwehchen auf dem kurzen Dienstweg klären konnte.

Fürsorge heißt, die verschiedenen Gruppen wirklich als Menschen, nicht als „manpower" oder Sonstiges anzusehen. Nur wenn ich den Menschen als Ganzes sehe, bekomme ich auch eine ganze Leistung. Ein Pfirsich, der nur unter Kunstlicht wächst (er bekommt nur einen Teil dessen, was ihm entspricht), erfüllt auch nur pro forma seine Pflicht, nämlich zu wachsen. Sobald ich in ihn hineinbeiße, merke ich, dass er kaum Geschmack hat.

Eine ehemalige Kollegin von mir hatte einmal eine Krankheit, die zunächst nicht identifiziert werden konnte. Sie konnte sich kaum noch bewegen und musste ihre Arbeitsstundenzahl stark reduzieren. Der Vorstand zeigte dafür wenig Verständnis und erwartete die gleiche Leistung wie vorher. Es war der gleiche Vorstand, der ansonsten mit viel Charme gerade die weiblichen Mitarbeiter zu maßlosen Überstunden anspornte. Die Kollegin war daraufhin regelrecht gebrochen, sie hat ohne Netz und doppelten Boden gekündigt. Der Vorstand hat nicht nur eine wertvolle Mitarbeiterin und viel Ansehen bei den verbleibenden Kollegen verloren, er muss nun die ehemalige Mitarbeiterin als Selbstständige bezahlen ...

Liebe heißt an dieser Stelle, die Menschen so zu sehen, wie sie sind, und sie dementsprechend zu fördern und zu unterstützen bzw. sie entsprechend zu beraten. Hier kommt immer wieder der Punkt, wo ich feststelle: Eigentlich kann man das nicht in Worte fassen. Liebe ist etwas, das allem innewohnt, wenn wir es nur zulassen. Jeder weiß es, jeder empfindet es, und man kann es eigentlich nicht erklären, sondern nur sagen: Tu es, und tue es ohne Vorbedingungen. Man kann es nicht diskutieren und für und wider argumentieren. Wenn ich es nicht sehen will, werde ich es auch nicht sehen. Es gibt keine rationalen Gründe gegen die Liebe. Ich hoffe, dass ich das in diesem Buch darlegen kann. Was soll man über die Liebe mehr sagen? Sie durchflutet alles in uns und führt uns nicht in die Irre, sondern ist sehr fruchtbar, vermehrt sich schnell, kommt wieder zu uns zurück und verbraucht sich nicht.

Sie benötigt allerdings viel Hingabe und viel Pflege. Und das kann ich allein durch achtsame Präsenz im Alltag erreichen. Hier liegt der Ursprung unserer Verantwortung, die wir gegenüber uns selbst und anderen haben. In der Achtsamkeit entsteht in mir die Liebe, sie tut es mit den Werkzeugen des Verstehens und des Mitgefühls. Je länger ich etwas mit den Augen der Liebe anschaue, umso weniger bleibt irgendetwas anderes als Verstehen und Mitgefühl. Nach dem Verstehen kann nur Mitgefühl entstehen, sonst habe ich nicht verstanden.

Wir sind in unserer Gesellschaft an einem Punkt angelangt, wo wir es uns nicht mehr leisten können, dies unter der Rubrik „Sonntagspredigten im Mai" abzulegen. Es reicht nicht mehr, sich das einmal in der Woche oder gar einmal im Jahr anzuhören und zu sagen: Schön, schön, aber bei uns funktioniert das nicht.

Wenn wir nicht alle Aspekte des Lebens zusammenfließen lassen, unseren Verstand, unsere Gefühle, unsere Intuition, werden wir dem Leben nicht gerecht. Gerade vielen vermeintlich einfachen Menschen ist das schon immer klar gewesen, und es schadet uns nicht, zu lernen, einfach zu werden (eine schöne, aber sinnige Doppeldeutigkeit).

Das Leben ist einfach oder gar nichts. Wenn es kompliziert ist, laufen wir wieder unseren alten Mustern von Kontrolle hinterher, indem wir allem eine Bedeutung geben, das gar keine hat. Vor allem uns selbst geben wir die Bedeutung, alles steuern zu können, anstatt uns aus unserem Inneren heraus steuern zu lassen, wo die Liebe wohnt.

Dies ist auch Verantwortung: Zu sehen, dass ich nicht alles kann, dass ich nicht alles weiß und dass mich das nur noch fähiger macht, zu lieben, weil ich es einfach zulassen kann.

Eine uralte Vision von Betriebswirtschaft

Jetzt fasst sich der wirtschaftlich denkende Mensch an den Kopf. Ja, er fasst sich an den Kopf, weil dort der Verstand sitzt. Wir haben aber auch eine Seele, und wir wären nicht auf der Welt, wenn nicht genug für uns vorhanden wäre. Für alle Lebewesen in der Natur gibt es die entsprechende Versorgung.

Was heißt denn wirtschaftlich denken? Doch nur, für möglichst wenig möglichst viel zu bekommen. Und da das eine Rechnung mit zwei Variablen ist, die sich gegenseitig bedingen, vereinfacht man diese Regel. Man will für einen festgelegten Einsatz möglichst viel bekommen oder für einen zu erwartenden Gegenstand möglichst wenig bezahlen. Da man Wirtschaftgüter als knapp definiert, zeigt die Höhe des Preises, wie knapp das Gut ist.

Wenn jeder nur das für sich in Anspruch nähme, was er wirklich bräuchte, und von dem, was er produziert, so viel wie möglich abgeben würde, würde ein Tausch entstehen, der seinesgleichen sucht: Jeder ist auch auf den Vorteil der anderen (der Gemeinschaft) bedacht. Das mag für uns nur eine kindliche, ja kindische Illusion sein, aber es hat bereits solche Gesellschaften gegeben. Es ist viel leichter, auch auf den Nutzen der Mitmenschen zu achten, als ständig das Gefühl zu haben, selbst zu kurz zu kommen.

Volkswirtschaftlich gesehen wäre das sogar viel sinnvoller, da nicht mehr gespart würde und also alles Geld, alle Wirtschaftsgegenstände im Umlauf wären und nicht zurückgehalten würden. Damit würde die „Wirtschaft" angekurbelt und Vollbeschäftigung wäre per se gesichert, da sich jeder bemühte, seine Arbeitskraft gewinnbringend für andere einzusetzen. Die Freude und der Spaß an der Arbeit wären ungleich höher, die Liebe könnte in die Wirtschaft Einzug halten. Es ist alles da auf dieser Welt, wir dürfen und sollen es nutzen, aber wir sollen es nicht für uns zurückbehalten.

Natürlich bleibt das für heute eine Illusion, weil nur einer, der für sich mehr bekommen will, das System angreift und andere ansteckt. Wie ansteckend ist Egoismus! Er ist schlimmer als ein Grippevirus, schwerer heilbar und endet häufig genug mit dem seelischen Tod.

Wir sind noch nicht so weit – jeder, der seine Firma so umstellen würde, würde unweigerlich den Konkurs verschulden. Solche Veränderung braucht Zeit, echte Veränderung benötigt immer Zeit, und wir müssen sie uns und den anderen geben. Wir würden sonst damit untergehen.

Wir kommen aber auch nicht weiter, wenn jeder immer nur auf den anderen zeigt und sagt: „Der tut es ja auch nicht!" Jeder kann in seinem eigenen Umfeld beginnen, sich selbst loszulassen, um mehr auf andere zu schauen als auf sich selbst. Und er kann sicher sein, dass eine Wandlung in seiner Umgebung vorgeht: Freude entsteht, Dankbarkeit wird nicht mehr als kostbares Gut behandelt, sondern freimütig verschenkt, Menschen handeln wieder aus innerem Antrieb, niemand muss mehr angefeuert werden, das Leben arbeitet wieder für uns, und wir müssen dem Leben nicht mehr nachlaufen.

Auf diese Weise könnten Unternehmen viel nachhaltiger zum Erfolg geführt werden. Allein das Ausbleiben von Krankmeldungen, die Motivation der Mitarbeiter und Kollegen, ja nicht zuletzt von einem selbst. Hier können wir das Gefühl bekommen, wirklich eine Entscheidung getroffen zu haben, die im wahrsten Sinne des Wortes in unserer Macht liegt, bei der wir hinterher spüren, authentisch aus innerer Kraft heraus gehandelt zu haben.

Hier können wir echte Manager sein, Manager unseres Lebens und des Berufslebens anderer. Und wenn wir mit noch so kleinen Dingen anfangen, wir bekommen unmittelbar positive Rückmeldung. Allein sich in den anderen hineinzuversetzen, eröffnet ungeahnte Horizonte, und wenn wir das Innere unseres Gegenübers erreichen, stellt sich wirkliche, ehrliche Produktivität ein, in bisher nicht gekanntem Ausmaß.

Jetzt können wir das natürlich alles als Hirngespinste abtun. Aber so, wie wir jetzt arbeiten und leben, kann es auf Dauer nicht weitergehen. Die Art und Weise, wie jeder nur auf seinen Vorteil bedacht ist, und dafür auch noch gesellschaftliche Anerkennung bekommt, macht sogar jene unzufrieden, die den Vorteil für sich verbuchen können: Sie müssen immer weiterstreben, um endlich genug zu haben, und jeder von uns weiß es: Wir haben niemals genug. Es geht immer noch weiter, immer noch höher, immer noch riskanter, bis wir am Ende gar nichts mehr haben. Wir sind auf dem besten Wege dorthin.

Dabei tragen wir alles in uns, was wir brauchen: Wir sind schon zu Hause angekommen, wir wissen es nur noch nicht. Der Spruch: Eigentlich bin ich ganz anders, ich komme nur so selten dazu, hat eine ganz tiefe Bedeutung, und er kommt immer dann zur Anwendung, wenn wir „aus Versehen" einmal jemandem etwas Gutes getan haben, der damit gar nicht gerechnet hat. Und in Wirklichkeit haben wir uns selbst etwas Gutes getan. Hier sind wir wirklich reicher geworden. Es ist wichtig, dass wir uns das eingestehen.

Die schlimmsten Egoisten unter uns haben in Wirklichkeit nur die schlechtesten Erfahrungen mit dem Leben gemacht, sind von anderen Egoisten übers Ohr gehauen worden. Aber viele unter uns sind – zum Glück – nur Mitläufer, haben Angst, unterzugehen, machen es lieber wie die anderen. Man will ja schließlich nicht auffallen. Trotzdem ist das die Wegzweigung, wo wir alle falsch abgebogen sind und wo wir unser wahres Leben verpassen.

Es lässt sich nicht mit dem Verstand erfahren, wir müssen neu in uns hineinfühlen, anders entscheiden. Hier liegt die wahre Bedeutung eines verantwortungsbewussten Managements. Wir können solange darüber lachen, bis es uns im Halse stecken bleibt, es kann und wird so nicht weitergehen. Und wir werden nicht dafür bezahlt, dass wir unser betriebswirtschaftliches Fachwissen, erstes bis elftes Semester, immer nur der jeweils aktuellen Marktlage anpassen und immer aufs Neue eine Effektivität predigen, die niemals von sich aus funktioniert, sondern immer kontrolliert werden muss, deren Kontrolle wieder kontrolliert wird, es könnte ja einer zu kurz kommen. Und wenn das so ist, dann wollen wir wenigstens wissen, wer und wie viel.

Betriebswirtschaft ist ein Konzept, das eben nur ein Konzept ist: Damit können bestimmte Dinge errechnet werden, unsinnige Ausgaben vermieden werden. Aber sie ist und darf nur ein Instrument sein, auf dem gespielt wird, neben vielen anderen, sie kann keine Weltanschauung an sich sein.

Die Auflösung des Rätsels

Nun stellt sich natürlich die Frage, wie denn Liebe, Spiritualität und Rentabilitätsdenken zusammenpassen sollen in einer Welt, wo einer dem anderen den Euro wegschnappt. Scheinbar unauflösbare Gegensätze wachsen zusammen, wenn wir langfristig persönlich und wirtschaftlich überleben wollen. Natürlich ist die Umwelt hier mit eingeschlossen, ohne sie läuft nichts, auch nicht im wirtschaftlichen Bereich.

Schon jetzt wird unglaubliche Zeit dadurch verschenkt, dass sich Mitarbeiter krank melden, weil sie sich gemobbt fühlen, weil sie sich in ihren Fähigkeiten nicht gesehen fühlen, weil sie körperlich krank werden an einer Belastung, die sie nicht mehr tragen können, oder an der Unfähigkeit der Unternehmensführung, richtig gefördert zu werden.

Es wird in Firmen eine Unmenge von Kraft dafür aufgewendet, nicht die Wahrheit auf den Tisch kommen zu lassen, kreative Mitarbeiter von ihrem Arbeitsplatz zu verscheuchen, Macht- und Hierarchieansprüche durchzusetzen und aufrechtzuerhalten, Strategien um ihrer selbst willen durchzuziehen und sich auf gar keinen Fall ins Handwerk pfuschen zu lassen.

Zudem wird alles an dem Eckstein der Rentabilität gemessen. Alles, was unkonventionell daherkommt, wird mit dem Totschläger „Das ist nicht rentabel!" konfrontiert. Die Bedingung der Rentabilität hat eine wichtige Schutzfunktion für das Unternehmen: Sie sorgt dafür, dass sich das Unternehmen finanziell nicht übernimmt. Schließlich kann ich nicht für 6% Fremdkapital aufnehmen, um dann mit der durchgeführten Investition nur 3% zu erwirtschaften.

Dieses Argument ist in vielen Fällen jedoch vorgeschoben: In Wahrheit zeugt es von der Angst, nicht alles unter Kontrolle zu haben, bestimmten Ideen nicht folgen zu können oder andere Ideen nicht anerkennen zu können. Und so verfängt sich ein Unternehmen, das sich konsequent nur nach sicheren Ergebnissen umschaut, im Gestrüpp von Machtansprüchen, ängstlicher Kontrolle und gestrigen Investitionen.

Der reine Rentabilitätsgedanke ist absolut tödlich. Das Diktat der Gewinnerwirtschaftung, das z.B. (so habe ich es selbst bei einer Firma erlebt) bis zur Kontrolle der Krankmeldungen reicht, in der Form, dass eine Liste an alle (!) Mitarbeiter zur angeblichen Kontrolle der Richtigkeit herumgereicht wird, baut ein Gebilde von Angst auf, das vielleicht zu weniger Krankmeldungen führt, aber die lustvolle und engagierte Sicht der eigenen Arbeit, und sei es die des Buchhalters, auf reines Pflichtdenken reduziert.

Mitarbeiter nach ihrer Anwesenheit zu beurteilen, nach ihrer Gefügigkeit und dem Vertreten der herrschenden Konzernmeinung, ist nichts anderes als die eigene Angst, zu versagen und nicht gut genug zu sein. Das Vertrauen, die Liebe und die Fürsorge für unsere Kollegen und anvertrauten Mitarbeiter können wir deswegen nicht geben, weil wir uns selbst nicht trauen. Wenn wir wirklich in unserem tiefsten Innern davon überzeugt sind, dass unsere Mitarbeiter für uns da sind und wir für sie, dann stellt sich auch eine innere Haltung ein, die sie sehr stark verpflichtet und anspornt. Genauso müssen wir an unsere Vorgesetzten herangehen, indem wir sie einfach in die Pflicht nehmen, für uns da zu sein, anstatt über sie herzuziehen.

In einer Atmosphäre des Vertrauens und der Offenheit kann Kritik als Weg zum optimalen Ziel angesehen werden, kann Kreativität entstehen und können innovative Lösungen das Unternehmen für die Zukunft rüsten. Konventionelle Angebote überschwemmen uns jetzt schon aus Japan, China und anderen Ländern, die sich darauf spezialisiert haben. Warum entwickeln wir also nicht unsere wahren Kräfte?

Mit Billigländern mithalten zu wollen ist ein aussichtsloses Unterfangen. Wir waren noch nie billig, sondern immer hat uns Innovation nach vorne gebracht. Aber der Motor kann nicht mehr allein Fleiß heißen, wie es in der Wirtschaftswundergeneration noch der Fall war. Es reicht nicht mehr, seine Aufgabe gut zu machen, es reicht nicht mehr, sich an die Kleiderordnung zu halten und freundliche Konversation (oder sollte ich schreiben Konservation?) mit Kunden und Mitarbeitern zu pflegen.

Wir kommen in ein neues Zeitalter, und ich meine damit nicht die Globalisierung. Die Globalisierung ist nur eine technische, vertragliche und strategieverändernde Methode für das, was nun kommen wird. Es ist sozusagen die Hardware, in die nun eine neue Software Einzug finden muss.

Und es werden ganz neue Ansätze benötigt, die jedoch in Wirklichkeit uralt sind. Während in technischer Hinsicht die Welt tatsächlich zusammenwächst, müssen auch die Menschen in ihr entdecken, dass sie zusammengehören und auf Dauer nicht gegeneinander, sondern nur miteinander arbeiten können. Nur mit persönlichem und globalem Konkurrenzdenken können wir die Hürde nicht nehmen. Ohne das Verständnis von Ursache und Wirkung werden wir aus unserer kleinkarierten Welt nicht ausbrechen, der Zukunft nicht gewachsen sein.

Stattdessen wird es darum gehen, sich mit emotionaler Intelligenz, Fürsorge, Liebe und Demut davon zu verabschieden, alles selbst tun zu wollen bzw. zu können. Wir entdecken, dass wir eine Intuition haben, in der kein Konkurrenzdenken mehr erforderlich ist, unsere, meine ureigensten Fähigkeiten nicht nachzumachen sind, wenn wir sie bei uns entdecken.

Ich kann feststellen, dass ich mich nicht gegen andere abzugrenzen brauche, sobald ich meinen inneren Schweinehund nicht überwinde, sondern ganz einfach loslasse. Macht braucht keinen Ausschlusscharakter, Macht kann sich stattdessen unendlich ergänzen. Ich verliere nichts, wenn ich meine Ansichten verliere. Ich gebe nichts ab, wenn ich mich traue, andere Lösungen besser zu finden und anzunehmen. Sobald es nur noch um die Sache, und endlich nicht mehr um die Person geht, ist freies Arbeiten möglich. Anerkennung zu geben reißt mir keinen Zacken aus der Krone, sondern zeigt Liebe für den anderen, die wieder zu mir zurückkommt.

Ich brauche nichts festzuhalten, brauche mich nicht zu schützen und zu verteidigen, denn es ist verlorene Zeit. Ich habe eine unverlierbare Position in dieser Welt, ich kann völlig in mir selbst ruhen und werde entdecken, dass mir mit dieser Haltung nichts Schlimmes passieren kann. Woher ich das wissen will? Ich habe es ausprobiert.

Als ich in einer Firma einmal die Befürchtung hatte, dass ich übergangen werde und nicht genügend Anerkennung bekomme, habe ich das angeprangert und bin lautstark für meine Person eingetreten. Dadurch ist es allen aufgefallen, vor allem aber, dass ich offensichtlich selbst das Gefühl hatte, unzulänglich zu sein. Bis es schließlich in allen Köpfen drin war: Herr W. bemüht sich wirklich sehr, aber da fehlt doch das gewisse Quäntchen ...

Mein größter Erfolg war also, meine Vorgesetzten und Kollegen mit meinen Vorbehalten überzeugt zu haben: Ich war schon arm dran, und alle sind mit ausgesuchter Höflichkeit auf mich zugegangen und freuten sich, das ich so mit Herzblut bei der Sache war. Aber in ihrem tiefsten Inneren hatte ich sie nur noch in ihrem Verhalten bestärkt. Außerdem hatte ich meinen Wert völlig von anderen Menschen abhängig gemacht. Es ist zu wenig, hier von der selbsterfüllenden Prophezeiung zu sprechen. Hieraus kann man viel mehr lernen.

Wäre ich nämlich einfach nur bei mir selbst geblieben und hätte das Vertrauen und eine innere Kraft aufgebaut, dass die Liebe zu meiner Arbeit, die Liebe zu meinen Kollegen und eine dienende Haltung mich letztendlich dahin führen würden, wo ich am besten wirken kann (das hätte auch eine andere Firma sein können), wäre mir mancher Umweg erspart geblieben. Ich habe viel zu viel Kraft darauf verwendet, gut angesehen zu werden, anstatt einfach gut zu sein. Ich war es sicherlich, aber es war nicht das, was ich mir vorgestellt hatte, und ich hätte noch viel besser sein können.

Woher nehmen wir diese Kraft? Indem wir lernen, in uns selbst zu ruhen und nicht für alles sofort eine Lösung finden zu müssen, sondern mit meditativer Kraft körperlich in unsere Probleme hineinzufühlen und sie dann loszulassen. In diesem Moment haben wir die Kugel angestoßen, die uns den Weg zum Ziel zeigt, wir können es immer wieder tun. In der Zuversicht, dass wir für alles eine Lösung finden werden, nehmen wir in höchster Präsenz am Leben teil und verbinden uns mit ihm. Es lässt uns erkennen, dass wir nicht ein Einzelwesen auf einem großen Planeten sind, sondern eingebettet in eine Einheit, der wir dienen können, in der wir uns nicht hervortun müssen. Das können wir direkt ausprobieren: Wir fühlen uns immer besser, wenn wir etwas gegeben haben, als wenn wir etwas bekommen bzw. durchgesetzt haben (siehe Beschreibung am Ende des Kapitels).

Und dies spielt sich genauso im Großen ab. Wenn wir nicht penetrant nach Rentabilität und lautstark propagierter Überlegenheit für unsere Firma streben, sondern mit Kreativität und Hingabe unseren Job erfüllen, ist das die beste Voraussetzung dafür, seine Mitarbeiter, Kunden, Geldgeber und sich selbst zu erfüllen. Auf einmal wächst ein Projekt über das übliche Leisten und dafür Bezahlen hinaus, es passiert wahrlich ein Wunder. Sie können es jeden Tag selbst erleben, wenn Sie einmal aus innerer Überzeugung einem Kunden etwas angeboten haben, auch wenn es nicht dem optimalen Gewinn dient, oder ohne Hinterabsichten einem Kollegen einen wichtigen Hinweis gegeben haben, womit er seine Arbeit erfolgreich zu Ende führen kann. Auf einmal ist nicht mehr das Produkt so wichtig, sondern der Austausch findet auf einer menschlichen Ebene statt, auf der alles andere nicht nur nebensächlich, sondern automatisch vonstatten geht. Zufriedene Kunden und motivierte Mitarbeiter fühlen sich mit uns verbunden. Ich möchte das auf keinen Fall als billigen Verkaufstrick angesehen wissen, sondern als eine innere Haltung, die uns freier macht von vermeintlichen Zwängen. Natürlich weiß ich, dass kurzfristig mit aggressiven Methoden die Kasse besser klingelt, aber wir werden damit unserem Wesen und dem anderer nicht gerecht, weil wir nicht nur aus Verstand bestehen. Wir gleichen in unserem Innern einem genauso großen Netzwerk wie es die gesamte Menschheit bildet, und nur, wenn alle Bedingungen erfüllt sind, können wir wirklich und dauerhaft erfolgreich sein, wie es uns entspricht.

Menschen sind für den Erfolg gemacht, für die Weiterentwicklung, für das Miteinander-Leben. Mit allem anderen bestrafen wir uns nur selbst, und es tut weh, weil wir etwas ändern sollen, weil sich in uns etwas ändern will. Wenn wir es zulassen, geht es uns besser und wir fühlen uns frei und erfüllt.

Wenn wir unserer und der Kreativität anderer nicht unnötige Grenzen setzen, sondern der Intuition das richtige Maß einräumen und uns von ihr leiten lassen, kann unser Unternehmen besser gedeihen als je zuvor. Nur so kann ich alle Ressourcen von Mitarbeitern nutzen, nur so kann ich zufriedene Mitarbeiter und Kunden gewinnen, die sich dem Unternehmen verpflichtet fühlen. Endlich seine Energien fließen zu lassen, ohne Angst zu haben, sich zu verlieren, ist eine ungeheure Erleichterung. Wie kann ich das tun, ohne in Träumereien und Illusionen abzudriften?

Indem ich für jedes Problem, das ich habe (es kann auch eine ganze Kette von Problemen sein), mich ein paar Minuten hinsetze, die Augen schließe und einmal an nichts denke. Ich konzentriere mich auf meinen Atem (ein, aus, ein, aus, ein ...) und fühle ich mich hinein. Ich lasse alles Denken los und spüre das Problem bzw. die Probleme körperlich so intensiv, wie ich kann. Manchmal hilft es auch, die Probleme noch einmal kurz zu benennen, sie wie Kinder mit ihrem Namen zu rufen. Dann lasse ich diese Schwere los, ich lasse zu, dass sie sich auflöst, ich fühle solange in sie hinein, bis sie nicht mehr da ist. Ich mache die Augen auf, recke und strecke mich und gehe wieder wie selbstverständlich an meine Arbeit heran.

Sie können sicher sein, dass bald etwas in uns eine Lösung findet oder den nächsten wichtigen Schritt. Wir sind einfach mehr als unser kleiner Verstand, der unser Vasall ist und für uns Rechenaufgaben übernehmen kann und soll, der aber nicht der Herr über unser Tun sein kann, sonst nutzen wir unsere Intuition nicht, die uns mit so vielem verbindet, es wäre einfach verantwortungslos.

Was für eine Vision, an der wir teilhaben können, die wir uns zu Eigen machen können! Es ist endlich eine Vision, für die wir nicht mehr zu kämpfen brauchen, sondern mit der wir direkt jetzt bei uns anfangen können.

Es beginnt damit, dass wir nicht mehr zuerst nach der Rentabilität fragen, wenn eine gute Idee auf den Tisch kommt, nicht mehr zuerst die Hierarchieordnung durchgehen. Man kann wirklich jedes Projekt gut und schlecht rechnen, und es hängt eigentlich von der Person ab, ob etwas für gut oder für schlecht befunden wird. Gerade die Querdenker, die sich dazu auch noch manch verquere Äußerung geleistet haben, kommen da schnell in Verruf. Unsere Aufgabe ist es, ihnen trotzdem zuzuhören, denn sie sind die loyalsten Mitarbeiter, weil sie sich wirklich Gedanken machen.

Wir sprechen Mitarbeitern keine Ge- oder Verbote mehr aus, sondern geben ihnen einfach Informationen, um die Möglichkeiten aufzuzeigen, die ihnen und uns zur Verfügung stehen. Damit können wir jedem Einzelnen ein Maximum an Freiheit lassen, ohne das Unternehmen lustvoll ins Nirwana zu führen. Hier leistet der Begriff der Rentabilität einen Beitrag, der ihm zusteht. Die Rahmenbedingungen sind damit vorgegeben. Wer mehr will, muss eine zusätzliche Einnahmequelle aufzeigen. Aber alle wissen, woran sie sind, und dies schafft eine vertrauensvolle und offene Atmosphäre, die zu Kreativität geradezu erzieht.

Nur wenn wir das kreative Chaos aushalten, das dadurch entsteht, sind wir gute Führungskräfte, aber auch nur dadurch können wir die Fähigkeiten von Mitarbeitern erkennen und fördern. Überforderung ist genauso schlecht wie Unterforderung, und nur wenn das richtige Maß erreicht ist, kann Energie wirklich frei fließen und es zu optimalen Ergebnissen kommen. Das, was wir uns selbst wünschen, nämlich einen offenen und unsere Fähigkeiten fördernden Arbeitsplatz, müssen wir auch unseren Mitarbeitern zugestehen.

Und so schließt sich der Kreis: Wir sehen, wie wir mit unseren Mitmenschen, hier unseren Mitarbeitern, Kollegen und Kunden, vernetzt sind. Das Prinzip von Ursache und Wirkung wird hier sehr schön deutlich: Was ich tue, kommt zu mir zurück, was es auch sei. Eine sehr effektive und rentable Einrichtung der Natur, finden Sie nicht?

Exkurs: Warum Seminare und Beratung häufig nicht zum Ziel führen

Die Flut an Seminarangeboten im beruflichen und privaten Bereich ist unermesslich, die Preise zum Teil durch nichts mehr zu rechtfertigen, Therapeuten sind gefragt wie nie.

Ich will damit nicht sagen, dass diese Angebote überflüssig sind, im Gegenteil. Ich habe zum großen Teil sehr gute Erfahrungen damit gemacht. Mir geht es um etwas ganz anderes. Wer hat uns beigebracht, Hilfe immer außen zu suchen? Warum hat uns keiner gezeigt, dass alles, was wir zum erfüllten und sinnvollen Leben brauchen, in uns ist? Das ist ein wichtiger Ausgangspunkt, wenn ich mich nun auf die Suche mache, um etwas für mich zu finden.

Selbst Fachseminare werden manchmal durch das Übersetzen der Fachausdrücke ins Deutsche und die Darlegung einiger weniger Neuerungen, gepaart mit vielen Selbstverständlichkeiten, auf ein sehr menschliches Niveau heruntergeholt und enden doch nur als teurer „Urlaub" vom Arbeitsplatz, den Sie jedoch später abarbeiten müssen. Haben Sie aber jemals ein Seminar entdeckt, das Ihnen wirklich beibringt, zu sich selbst zu stehen, ohne wieder auf irgendein Konzept zu setzen oder einen Guru, den Sie vielleicht schon nächstes Jahr im Knast besuchen können?

Wir lassen uns immer noch viel zu sehr von vermeintlichen Autoritäten etwas sagen, um dann entdecken zu müssen, dass wir nur nicht den Mut hatten, die Lösung selbst zu finden.

Nicht zuletzt ist auch das zwischenmenschliche Verhältnis zwischen Berater und Beratendem immer zweigleisig. Fragen Sie sich doch einmal während einer Beratung, inwieweit Sie der Beratung bedürfen und inwieweit der Berater es braucht, jemanden beraten zu können.

Wir sind unseren Ideen und Zielen näher, als Konzepte es überhaupt sein können. Wir brauchen keine Konzepte, wir müssen uns nur auf uns selbst besinnen und endlich den Mut haben, innezuhalten, zu stoppen. Wir können unser ganzes Leben lang Seminare besuchen, um dann doch meistens mit einem schalen Gefühl nach Hause zu fahren, wer eigentlich wen gebraucht hat – siehe oben. Ein Telefonat mit einem guten Freund für einen gegenseitigen Austausch und einmal 20 Minuten am Schreibtisch sitzen, ohne etwas Aktives zu tun, kann uns viel weiter bringen, spart Zeit und Geld. Das Wichtigste aber ist: Wir bleiben bei uns. Einen schöneren Erfolg kann es nicht geben, und wir lernen, die Prioritäten richtig zu setzen: Wir sind auf der Erde, um etwas über das Leben herauszufinden, und nicht, um bei allem immer mit vorne dabei zu sein. Umgekehrt macht es Sinn: Wenn wir bei uns sind, sind wir immer genau da, wo wir hingehören, es ist wie eine Lebensversicherung im eigentlichen Sinne des Wortes: Mein Leben kann nicht schief gehen, wenn ich mir treu bleibe.

Das wäre einmal ein sinnvolles Seminar: Treu werden und bleiben – mir selbst. Wenn ich mir treu bin, bin ich im besten Sinne auch anderen treu und eine wirkliche Stütze für das Unternehmen und meine Familie, nicht dadurch, dass ich ständig auf den neuesten Seminaren bin, von denen nächstes Jahr sowieso keiner mehr spricht.

„Ich muss mir klar machen, dass ich so, wie ich bin – als dieses übereifrige, nervöse, besorgte Ich, das immer gern hilft und gern Erfolg hat und seine Pflicht tun möchte, das sich vom Leben überfordert fühlt und immer auf Achtung und Anerkennung, aber auch auf Ruhepausen aus ist, das sich Vergnügungen nur dann und wann und mit schlechtem Gewissen gönnt, das die Zeit immer schneller verstreichen sieht, ja das Gefühl hat, das Leben gehe an ihm vorbei, ohne das jemals wirklich etwas passiert –, dass ich als dieses Ich in Kontakt mit dem Selbst kommen kann. … Es zeigt dem Ich, dass es das, was es im tiefsten Innersten möchte, nicht aus sich selbst heraus gewinnen kann. Durch die Begegnung mit dem Selbst wird dem Ich deutlich, dass es Liebe, Sicherheit, nicht vergehende Freude, auf Wahrheit beruhende Emotion wirklich gibt, dass es möglich ist, Zeit *zu haben, unermesslich viel Zeit, und frei zu sein von Furcht und Scheinbefriedigung – aber nur durch das Selbst. Das Selbst ist all das, was das Ich zu sein vorgibt, und es hat die Zeit, um das das Ich sich vergeblich bemüht. Nur wenn diese beiden Welten sich begegnen, kann das Ich frei atmen und loslassen – und akzeptieren, dass es sekundär und, ja sterblich ist. Es sieht dann, dass es gar nicht für alle Zeit leben muss, denn wenn* ich bin *existiert, hat das Ich gefunden, was es eigentlich wollte. Sein,* mein, *Herzenswunsch ist in Erfüllung gegangen.“*

JACOB NEEDLEMAN, AUS: DIE SEELE DER ZEIT. DIE GROSSE ANTWORT

Der Preis der Weisheit

Die neu gewonnenen Einsichten gibt es nicht umsonst. Einerseits haben wir viel gewonnen: Wir müssen uns nicht mehr selbst verleugnen, indem wir uns über die Maßen um alles Mögliche bemühen und nach allem Möglichen streben und meinen, alles hinge von uns ab. Wir wissen nun, dass es einfach nicht so ist, und wenn wir noch so viel Verantwortung tragen. Sich lösen zu können und voll Vertrauen in uns selbst zu ruhen, ist unsere größte Verantwortung im Leben, sozusagen die „Königsverantwortung".

Daraus ergibt sich alles Weitere: Wir sind nicht Schöpfer unserer selbst, sondern ein Werkzeug der Schöpfung, dessen höchster Sinn darin besteht, sich zum Ziel führen zu lassen und nicht selbst herumzufuhrwerken, denn nichts anderes haben wir bis jetzt getan. Gerade wenn besonders viel in unserem Leben funktioniert hat, ist das wahrlich kein Zeichen dafür, dass wir allein Herr unseres Lebens sind. Wenn umgekehrt besonders viel „schief gegangen" ist, sollten wir dankbar sein, denn es hat uns nachdenklich gemacht und einen anderen Weg aufgezeigt.

Dass noch mehr Wohlstand uns nicht weiterbringt und vor allem nicht sicherer leben lässt, dämmert uns auch allmählich. Was für ein schönes Gefühl, langsam davon frei zu werden. Was für ein schönes Gefühl, Wohlstand danach zu beurteilen, ob er mehr einbringt, als er kostet. Andererseits werden wir in Zukunft auf vieles verzichten müssen. Das wird möglicherweise schwerer sein, als wir es uns im Augenblick vorstellen können.

Wir haben nämlich nicht mehr den Ehrgeiz, uns mit aller Macht durchzusetzen, sondern wirken viel effektiver im Hintergrund, müssen auch einsehen, dass wir mit unseren neuen Gedanken bestenfalls auf freundliches Achselzucken stoßen. Ideen einfach vorzutragen, weil sie in sich gut sind, ohne vor der Sitzung bereits Strategien entworfen und Mehrheiten gesucht zu haben (wir würden sie nicht mehr finden), erfordert viel Mut. Das Ende vom Lied ist, dass solche Gedanken viel, viel später umgesetzt werden, sich jedoch niemand mehr an den Vorschlag erinnert und jeder andere von sich behaupten kann, diese Idee gehabt zu haben.

Genauso ist es bei Gehaltsverhandlungen und Karrieresprüngen: Wir haben einfach unseren Biss verloren und gehen vielleicht als graue Eminenzen in die Firmengeschichte ein.

Vielleicht kommt es aber noch dicker: Wir entdecken, dass wir unsere Arbeit nicht mehr wichtig finden! Hier noch ein Zehntel Prozent zu sparen, dort noch ein bisschen besser das letzte Steuerschlupfloch genutzt, eine noch trickreichere Anlagestrategie entwickelt, der neueste Firmentratsch interessiert uns nicht mehr, die vielleicht in Aussicht stehende Beförderung ringt uns keine Überstunden mehr ab ...

Pffff, die Luft ist raus. Auweia. Wir wollen auch nicht mehr um jeden Preis Recht haben, werden vielleicht auch in unserer Beziehung nachgiebiger, was uns selbst am meisten beunruhigt. Wir haben einfach nicht mehr Recht, weil wir nicht mehr so viel mit dem Verstand denken, sondern uns mehr leiten lassen.

Vieles, was wir früher bedenkenlos anderen zugemutet haben, fällt nun auf uns zurück. Zusammenhänge, die wir entdecken, neue Gedankengänge, die wir haben, lassen sich kaum noch vermitteln. Würde man sie aussprechen, klängen sie hohl. Nur in unserem Innersten wissen wir, dass wir auf etwas Wahres gestoßen sind, und wir tun gut daran, uns zu überlegen, wem wir es erzählen.

Wir gehören auch nicht mehr zu den angeblich Besten, weil wir wissen, dass die Lösung auf uns zukommt, auch (oder gerade) wenn wir nicht bis Mitternacht daran arbeiten. Wir passen nicht mehr ins Schema. Damit müssen wir leben. Wenn wir vielleicht schon vorher Querdenker waren, jetzt wird es gefährlich.

Eine neue innere Haltung

Der Weg geht nicht mehr über Fleiß und Anstrengung. Das, was wir intuitiv für uns wollen, und das, was wirklich notwendig ist, um dort hinzukommen, arbeitet in uns selbst und möchte zum Vorschein kommen. Alle Kräfte in uns streben zu dem einen Ziel, doch meistens geht das nicht über viel oder noch mehr Arbeit. Effektivität hängt niemals von der Quantität, niemals von der verbrachten Arbeitszeit ab. Der Weg ist viel kürzer, wenn wir das Vertrauen haben, uns vom Inneren Selbst führen zu lassen. Der Anfang dieses Vertrauens, der Weg zu uns selbst, beginnt damit, dass wir uns in Ruhe und Abgeschiedenheit – zur Not auf der Toilette – hinsetzen und einfach nur im Augenblick sind, einfach nur da sind. Wie fühlen wir uns? Sind wir verkrampft, tut etwas weh, haben wir Kopfschmerzen, wie fühlt sich unser Atem an, wie ist unsere Sitzposition?

Wir beschleunigen keinen Gedanken mehr in unserem Kopf, lassen alle Gedankengänge zur Ruhe kommen, beobachten die aufkeimenden Gedanken und lassen sie vorüberziehen. Wir bewerten sie nicht, wir halten sie nicht fest, sondern lassen von ihnen. Wir denken nicht an das, was jetzt unbedingt erledigt werden müsste, wir lassen es ganz los, wir strengen uns nicht mehr willentlich an.

Wir lassen alle Hektik fallen, mag sie auch noch so angebracht erscheinen.

Das machen wir wenigsten eine Viertelstunde am Tag, am besten morgens als Erstes, im Idealfall mehrmals am Tag. Eine letzte Übung vor dem Schlafengehen lässt uns den Tag innerlich einordnen und loslassen.

Wir kommen zu völliger innerer Ruhe, alle Antreiber werden zum Schweigen gebracht, alle äußere Hektik wird ausgeschaltet. Ich besinne mich auf mich selbst, lasse meinen Kopf gedankenleer werden, alle negativen und alle positiven Auslöser verschwinden. Ich konzentriere mich auf meinen Atem.

In diesem Moment bin ich ganz da, eins mit mir und verwurzelt in der Welt. In diesem Nicht-Wollen ereignet sich das tägliche Wunder: Alles in mir strebt zur Vollkommenheit, alle Kräfte besinnen sich und ziehen an einem Strang. In dieser inneren Ruhe ergeben sich die notwendigen Lösungen des Tages von selbst, schwierige Dinge werden einfach, Verworrenes löst sich auf, Überflüssiges wird sichtbar, ohne das mittlerweile zum guten Ton gehörende „Busy"-Sein, ohne betriebsame Hektik, ohne einen zum Bersten gefüllten Terminkalender, ohne sinnlose Überstunden erreiche ich sinnvoll mein Ziel.

Ich habe das Vertrauen, dass das Richtige passiert, ich zweifele nicht daran und gehe ruhig und kraftvoll durch den Tag. Ich übernehme mich nicht mehr, sondern lasse geschehen, ich setze mich nicht mehr durch, sondern sage einfach, was ich zu sagen habe. Ich halte nicht mehr durch, sondern bin einfach, ich bin nicht mehr effizient, sondern vereinige mich mit dem, was ist, bin passiv, statt aktiv, gleichzeitig völlig wach und präsent, im Boden verankert, in mir selbst ruhend.

Wir sind abends nicht mehr abgespannt und gleichzeitig aufgedreht, sondern von einem erfüllten Tag wohlig müde. Es spielt keine Rolle mehr, wie unangenehm die Tätigkeit ist, die wir ausführen müssen, jeder Moment wird ausfüllend, alles bekommt einen Sinn, wenn wir ganz im Augenblick verweilen, nichts bewerten, nichts wollen, sondern geschehen lassen, was geschieht.

Wenn wir dann meinen, dafür nicht auch noch Zeit zu haben – schließlich ist ja so viel zu tun! –, dann denken wir an den Menschen, der, als er gefragt wurde, warum er sein stumpfes Messer nicht schärfe, antwortete, er habe keine Zeit, es gäbe noch zu viel zu schneiden.

Vielleicht meinen wir, wir kommen nicht zur Ruhe, weil alles so hektisch ist, aber es ist genau umgekehrt: Wir laufen tatsächlich Gefahr, unser ganzes Leben in Hektik zu verbringen, weil wir keine Zeit finden, zur Ruhe zu kommen. Damit ist innere Ruhe gemeint, der Fels in der Brandung, äußerlich um uns herum kann der totale Trubel herrschen, es braucht uns nicht anzufechten (es lässt uns jedoch nicht „kalt"), wir können es auch nicht beeinflussen, es sei denn durch unsere Ruhe.

Wir müssen nicht mehr alles im Griff haben, wir sind keine allmächtigen Götter, sondern dienen unserer Umwelt, unseren Mitmenschen und betrachten das Leben auf einmal aus der richtigen Perspektive: als Diener, die etwas beizutragen haben, und zwar mehr, als wir bislang wussten, aus einer inneren Kraft heraus, die ständig mit uns ist, die wir nur neu entdecken müssen, das ist unsere eigentliche, unsere einzige Aufgabe, alles andere passiert von selbst. Das Leben ist ein Wunder, es ist für uns, nicht gegen uns, und wir brauchen keine Tipps und Tricks, keine Motivationsseminare, es ist einfach da, für uns da. Wir brauchen eben nur zu dienen, indem wir Platz machen und uns als Werkzeug zur Verfügung stellen. Alles andere passiert aus uns heraus.

Wenn wir einmal darauf achten, können wir es entdecken: Es ist so offensichtlich, wie die Luft zum Atmen da ist, sie ist so selbstverständlich, dass wir sie meist gar nicht wahrnehmen. Das Leben kann auf diese Weise leichter werden, und es ist nicht unvollkommen, es wächst nur, durch uns, wenn wir es zulassen, wenn wir es lieben. Mehr ist nicht notwendig.

Was die anderen denken

Wenn man beginnt, die Dinge anders zu sehen, kommt man unweigerlich mit seiner Umwelt in Konflikt. Dieser Konflikt ist aber anders als zunächst angenommen. Während Konflikte in der Regel hart ausgetragen werden – schließlich gilt „Macht ist Trumpf", ansonsten zählen bestenfalls Argumente –, geht es hier um einen weichen Konflikt. Das Gegenüber bemerkt sehr schnell, dass eine Veränderung in uns vorgeht, über die man nicht diskutieren kann. Das kann im Einzelfall zu unangenehmen Konsequenzen führen, und dies ist ein Testfall, ob wir zu uns stehen oder nicht. Vielleicht müssen wir auch erst üben. Aber, wie ein schönes Sprichwort sagt, „eine große Schlucht kann man nicht mit vielen kleinen Schritten überwinden".

Vielleicht müssen wir auch lange Zeit damit leben, dass wir zwar immer neue Ideen haben, diese dann bei näherer Betrachtung aber nicht als sinnvoll für uns erachten. Trotzdem sind diese Ideen wichtig und führen uns Stück für Stück zu uns selbst.

Wir brauchen vor allem nicht zu suchen. Irgendwann ist unsere Wegzweigung einfach da, alles Vorherige war ein wichtiger Schritt durch den Nebel. Hier ist es ganz wichtig, sich nicht beirren zu lassen und zu sich selbst zu stehen. Manchmal wird dafür mehr Verständnis aufgebracht, als wir vermutet hatten, weil ein offener und gegenüber sich selbst ehrlicher Mensch fühlt, dass er solche Anteile auch in sich selbst trägt.

Wie viel mehr wert ist es auf jeden Fall, seine eigene Mitte zu finden, wie viel mehr innere Ruhe wartet auf mich, wie viel mehr innerer Frieden findet mich?! Und siehe da: Meine Ausstrahlung hat sich so intensiviert, ist so lebendig geworden, dass auf einmal die anderen automatisch Gutes von mir denken, nur dass es jetzt nicht mehr von so ausschlaggebender Bedeutung für mich ist.

Nicht mehr an sich selbst zweifeln

Zuweilen bemerken wir mit großer Gewissheit, dass etwas in uns unzufrieden ist, etwas, das nicht weiter weiß. Schon lange plagen wir uns mit Zweifeln, ob alles so sein muss, wie es ist. Das sind aber in Wahrheit keine Zweifel, sondern es ist unser Weg, der langsam vor uns aufbricht. Wie lange schon haben wir diese innere Stimme ignoriert, wie häufig haben wir schon unbewusst unsere Unzufriedenheit im Sport und beim Fernsehen oder sonstigen Ablenkungen ertränkt, nicht zuletzt im regelmäßigen Glas Bier oder dergleichen?!

„Das ist doch ganz normal", „das geht eben nicht anders", „man hat schließlich Verantwortung", „ja, wenn man könnte, wie man wollte"... Das sind alles Aussagen, mit denen wir nur uns selbst betrügen. Punkt. Aber warum hört diese nagende Ungewissheit nicht auf? Beruhigen wir nicht selbst unsere Zweifel, dass solche „gelegentliche Unzufriedenheit" und „Überlastung" schließlich ganz normal ist und „man" eben damit leben muss, wenn „man" mit dabei sein will?

Diese fragwürdigen Feststellungen halten uns davon ab, das zu tun, was wir für richtig halten. Genau genommen maßregeln wir uns täglich selbst, um nur ja nicht das zu tun, was uns wirklich wichtig ist. Das tun wir nämlich automatisch immer, um uns dann vom Kurs abzubringen und uns vermeintlich zu „überwinden", uns zu „konzentrieren" und „etwas zu tun" und „die Zeit zu nutzen". Häufig führen uns aber die vermeintlich belanglosen Tätigkeiten, die so aus uns herausfahren, wie ein Navigationssystem zum Ziel, nur meinen wir immer, korrigierend eingreifen zu müssen.

Wir müssen wieder zu unserer kindlichen (nicht kindischen) Sorglosigkeit zurück, das tun, was uns sinnvoll erscheint, was sich nicht lohnen muss, sondern einfach ist. Es ist das Einzige, das sich lohnt. Einfach in sich selbst hineinhorchen und das tun, wozu es uns drängt. Das führt nicht in die Verantwortungslosigkeit, nicht dahin, alles stehen und liegen zu lassen, sondern führt dahin, unsere Aufgaben auf eine andere Art und Weise zu erledigen.

Wir können das Vertrauen haben, dass unser Selbst weiß, was gut für uns ist, und dass es uns nicht in die Irre führt. Wir beobachten uns selbst dabei, was wir tun, und wir werden uns wundern, wie wir allem, aber dieses Mal auch uns, gerecht werden.

Diesen Zweifel, den der Verstand uns ständig einflößt, müssen wir ablegen. Was wir ausprobieren wollen, ist nicht mit dem Verstand zu ergründen. Es basiert nicht auf mathematischer Logik, man kann es nur tun oder nicht. Tiefe Intuition tut einfach, sie kündigt nicht an, wir folgen ihr oder nicht.

Aber dem vertrauen zu können, was passiert, wenn ich nicht mehr selbst mein größter Zweifler bin, mich nicht mehr klein mache, das ist ein Gefühl, das mich nicht täuscht. Wenn ich „etwas falsch" mache, dann, weil ich gezweifelt habe, nicht, weil ich mich zu weit vorgetraut habe. Hier beginnt das richtige Leben, ich verbinde mich endlich mit mir selbst und bombardiere mich nicht mehr selbst mit Einschränkungen, die gar nicht existieren. Wenn etwas einmal wirklich in unserem Leben schief gelaufen ist, dann deshalb, weil wir uns nicht selbst treu waren, weil wir an uns gezweifelt haben. Das hat nun ein Ende.

Auf einmal kann meine Kreativität sich entfalten, kommt Liebe aus mir selbst heraus, ohne dass ich sie mit dem Verstand bemühen muss, bin ich präsent, ohne mich „konzentrieren" zu müssen. Auf einmal habe ich eine unbändige Kraft für das, was wirklich wichtig ist, was mich wirklich beschäftigt. Auf einmal brauche ich mich nicht mehr aufzuputschen oder zu beruhigen, bin ich einfach da und erkenne, dass ich nicht gegen alles kämpfen muss, sondern dass ich nur geschehen lassen muss.

Ich bin nicht gedankenlos, sondern präsent. Ich bin nicht sorglos, sondern mache mir keine Sorgen mehr. Ich bin nicht leichtsinnig, sondern leicht im Sinn, bin nicht verantwortungslos, sondern ruhe in mir selbst und wundere mich, wie viel Weisheit in mir steckt, von der ich bisher nichts wusste. Es ist alles in mir, und nur indem ich in mir selbst ruhe, finde ich die Kraft und das Wissen, das zu tun, was mir gemäß ist. Das ist keine Zauberei, sondern das tägliche Wunder, das so offensichtlich ist, dass wir es nicht sehen können.

Wir müssen endlich den Mut zu unserem eigenen Weg finden. Es gibt kein Zurück mehr, ob wir wollen oder nicht. Wir haben nur noch die Wahl, uns selbst zu folgen oder uns selbst zu verleugnen, einen anderen Weg gibt es nicht.

Vergangenheit loslassen

Vielleicht ist vieles in unserem Leben vermeintlich „schief gelaufen", auch wenn es nach außen hin nicht so aussieht. Manches haben wir erst viele Jahre später erkannt, und es ist wichtig, dieses Leiden anzuerkennen. Vieles bemerken wir erst, wenn wir endlich einmal zur Ruhe kommen: Ja, es ist viel passiert, und wenn ich es besser gewusst hätte, hätte ich mich nicht so sehr gequält.

Diese Vergangenheit gehört zu uns, wir brauchen uns ihrer nicht zu entledigen und können es auch nicht. Vor allem hat sie uns dahin geführt, wo wir heute stehen mit unserer unverwechselbaren, einmaligen Lebenserfahrung. Sie ist ohne Zweifel aus dem Leben unserer Vorfahren entstanden, unserer Mitmenschen, unserer Gesellschaft. Viele sind einfach gefolgt, viele haben alles genau entgegengesetzt gemacht, die meisten stehen irgendwo dazwischen. Da wir nun bei uns selbst sind, können wir diese Erfahrungen erweitern, viele Lebensweisen positiv umgestalten und viele ungelöste Fragen, die uns als Probleme mit auf den Weg gegeben wurden, auflösen.

Wir brauchen nicht mehr auf unsere Eltern böse zu sein. Sie haben nichts anderes getan, als wir gerade versuchen: Das Beste aus dem Leben zu machen. Sie haben auf einer anderen Stufe gestanden, manche sind vielleicht weit vom Weg abgekommen, uns ist es nicht anders ergangen. Aber wir können jetzt unser Leben bewusst weiterführen, können die Probleme unserer Vorfahren lösen und haben damit eine sehr schöne Aufgabe, wir können dankbar sein, dass wir vieles zu Ende führen dürfen, was unsere Nachfahren nicht mehr lösen müssen, wenn wir denn jetzt endlich anfangen.

Individualität relativieren

Auf einmal können wir mit den Menschen um uns herum sehr große Gemeinsamkeiten entdecken. Es will nicht jeder etwas anderes, es hat nicht jeder unterschiedliche Lebensziele, es ist nicht jeder anders als der andere – von Unterschieden an der Oberfläche einmal abgesehen.

Spätestens da, wo wir entdecken, dass jeder geliebt werden will, im Grunde jeder lieben möchte, jeder nur auf der Suche nach innerem Frieden und Sinn ist – so unterschiedlich und so verworren die Wege dahin auch sein mögen – sehen wir, dass wir alle das gleiche Ziel haben. Jede Religion verkündet nichts anderes, nur dass die Wege unseres Lebens so unterschiedlich sind, wie es auch Facetten der Lebendigkeit gibt. Jede Facette trägt ein Fünkchen Wahrheit in sich, und jede Facette ist aus dem Leben selbst entstanden. Wahrscheinlich ergeben alle Facetten zusammen die vollkommene Wahrheit, in der alle vermeintlichen Widersprüche eins werden.

Wir können auch sehen, dass jeder von uns alles Erforderliche für ein erfülltes Leben in sich selbst trägt und dass wir nicht außerhalb von uns zu suchen brauchen, ja nicht einmal können. Alle äußeren Umstände mögen förderlich oder hinderlich sein, sie sind letztendlich einfach unser Weg, der untrennbar zu uns gehört und uns vor Schwierigkeiten stellt oder uns ungehindert ziehen lässt, beides formt uns auf eine uns gemäße Weise, und doch ist es bei jedem Menschen auf der Welt so.

Es gilt auch zu entdecken, dass jeder Mensch nicht durch sein Tun glücklich wird, sondern durch sein Sein, wie er mit sich und der Welt ist. Natürlich wird dies sein Tun maßgeblich beeinflussen, aber sein Sein entscheidet über sein Leben. Und auch hier sind wir alle gleich.

Allein sein können

Viele von uns fürchten sich davor, allein zu sein. Man könnte den Eindruck gewinnen, dass es für viele eine Schmach ist, nicht ständig etwas vorzuhaben, unter Termindruck zu stehen und nicht jeden Abend, jedes Wochenende irgendwie verplant zu haben. Wer nicht darüber klagen kann, er hätte keine Zeit, und wer Termine vor übernächster Woche vergeben kann, mit dem stimmt etwas nicht, der hat nicht genug zu tun, ist nicht ausgelastet.

Selbst in unserer Freizeit flüchten wir, wenn nicht die Familie dazwischenkommt, in Aktionen, Geselligkeit, Gespräche, Diskussionen. Dieser Terminstress liegt in unserer Verantwortung, er ist nicht ausschließlich von außen auf uns zugekommen.

Viele Überstunden können gar nicht mehr sinnvoll geleistet werden, nach einem 10-Stunden-Tag ist schließlich die Konzentration dahin und erfordert am nächsten Tag noch mehr Überstunden, weil wir nicht mehr entspannt an die Arbeit gehen können.

Aber jetzt flüchten wir nicht mehr. Wir brauchen uns nicht allein zu fühlen, selbst wenn wir einmal allein sind. Stattdessen nutzen wir die Zeit, zu uns selbst zu kommen, einmal Muße zu treiben und nicht schon wieder in die Zeitung oder den Fernseher zu gucken. Es ist wirklich gewonnene Zeit, in der unsere Gedanken geordnet werden, eine Zeit, in der Lösungen bei uns ankommen können, eine Zeit, in der wir wir selbst werden. Eine Zeit, in der wir nichts verpassen, sondern im Gegenteil endlich einmal da sind, wo wir hingehören.

Es ist ein schönes Gefühl, mit sich allein sein zu können, nicht mehr einsam zu sein, nicht mehr um jeden Preis tun zu müssen, sich trotzdem lebendig und verbunden zu fühlen. Das Ende der selbstgewollten (!) Hektik, das Ende der inneren Leere – etwas Schöneres gibt es nicht.

Mit Fragen leben lernen

Bis jetzt haben wir unser ganzes Leben mit Fragen verbracht, und so haben wir es ja auch in der Schule gelernt, dass Fragen dazu da sind, beantwortet zu werden. Wir haben viel gelernt, sind sehr wissbegierig, tauschen uns ständig mit anderen aus, lesen aufmerksam Bücher, lesen viel Zeitung und haben uns ein gewisses Bildungsniveau angeeignet. Dabei ist alle Wissenszufuhr von außen gekommen, wir haben Fragen gestellt und Antworten bekommen. Dies war und ist wichtig in unserem Leben.

Aber auf die Dauer ist die Erkenntnis, ich weiß nicht genug, ziemlich anstrengend. Wir wissen nämlich nie genug, wenn wir uns in unserem Wissen immer nur auf Antworten von außen beziehen.

Eine Frage, die wir haben, können wir auch einfach nur bewusst fühlen, sie bemerken, nicht beurteilen oder zu lösen versuchen (!). Wir verweilen im Augenblick und stellen einfach nur fest, dass und wie uns diese Fragestellung berührt.

Die Antwort wird uns unweigerlich vom Leben gegeben, sobald wir in uns selbst ruhen, uns im Leben verankern. Wir sind mit ihm verbunden, wir sind ein untrennbarer Teil von ihm.

Manchmal entwickelt sich in uns die Erkenntnis, dass noch etwas geschehen muss, damit sich diese Frage auflöst. Manchmal lernen wir einfach mit der Frage zu leben. Vielleicht gibt es manchmal nur die Antwort, dass wir uns gedulden müssen, oder die Antwort wirft eine oder mehrere neue Fragen auf. Dabei werden uns Antworten auf alle unsere Fragen gegeben, wenn wir achtsam durch das Leben gehen.

Wenn wir wirklich das Vertrauen haben, dass wir gehört werden, können wir auch begreifen, dass Fragen viel wichtiger sind als Antworten. Allein das Zulassen der Frage verändert unser Bewusstsein, bewirkt neue Aufmerksamkeit in uns, erweitert unsere Realität.

Das bewusst Gemachte drückt unsere Persönlichkeit aus und lässt uns auf die Antwort und den Sinn vertrauen, wir können es loslassen. Im richtigen Augenblick wird uns die Antwort klar, sie war bereits in uns, bevor wir die Frage stellen konnten.

Erst wenn wir die Frage ganz losgelassen haben und im Vertrauen auf die Antwort unbekümmert unser Leben weiterleben, fließt die Antwort in unser Leben ein. Irgendwann wird das so selbstverständlich, dass wir es gar nicht mehr bemerken. Aber die Freude, den Kontakt zu uns selbst hergestellt zu haben, verbunden zu sein mit allem Lebendigen und Sinnhaften, lässt uns nie mehr los, geht uns nicht mehr verloren.

Die Freude, nicht mehr alles im Leben aktiv und aus eigener Kraft lösen zu müssen, nimmt eine gewaltige Last von unseren Schultern. Nicht mehr derjenige zu sein, der für alles verantwortlich ist, sondern jener, durch den die Lösung entsteht, gibt uns ein ganz neues Gefühl, das Leben zu „meistern": Das Bedürfnis, es meistern zu können, wird regelrecht hinfällig, ja bedeutungslos. Wir möchten nur noch Werkzeug sein und sind glücklich, das Leben erfahren und ihm dienen zu dürfen.

Schuldgefühle loslassen

Irgendwann beginnt dieses nagende Gefühl: Was hätte ich anders machen können, was wäre passiert, wenn dies und jenes geschehen oder vorhanden gewesen wäre. Wen habe ich in meinem Leben verletzt, wie hätte ich erfolgreicher sein können, was habe ich alles falsch gemacht, was ist alles schief gelaufen in meinem Leben?

Ein dumpfes Gefühl in unserer Körpermitte, das sich langsam bei uns einnistet und sich ausbreitet wie ein Krebsgeschwür (zu dem es leider auch manchmal wird).

Hinter all diesen Gedanken und Selbstvorwürfen steht immer die Illusion, dass wir für alles in unserem Leben selbst verantwortlich sind, dass wir alles selbst initiiert haben, dass wir wirklich Herr über unser Schicksal sind.

In Wahrheit ist es aber so, dass jede andere Person – mit den gleichen Erbanlagen, der gleichen Erziehung, den gleichen Wegbegleitern und auch sonst der gleichen Ausrüstung – in den gleichen Situationen genauso gehandelt hätte wie wir. Wären wir in einem Piratendorf aufgewachsen und von Piraten großgezogen werden und hätten nur das Piratenhandwerk gelernt, wären wir ebenfalls Piraten geworden (Beispiel von Thich Nhat Hanh). Und so bleibt nicht nur bei uns, sondern auch beim Betrachten anderer Menschen, nur noch Liebe und Verstehen, Mitgefühl und Anteilnahme.

Anderen Vorwürfe zu machen und ihnen zu sagen, was sie besser getan oder gelassen hätten, macht keinen Sinn mehr. Wohl aber ist es möglich, sich selbst abzugrenzen in dem Sinne, dass ich bestimmte Dinge oder Situationen für mich ablehne.

Ich brauche andere nicht zu beurteilen oder zu bewerten, aber ich kann für mich entscheiden, dass ich das Getane, Geschehene oder zu Tuende ablehne. So kann ich eine Grenze ziehen, muss aber nicht ständig meine Wertmaßstäbe anderen aufdrücken und brauche dies nicht mit mir selbst geschehen zu lassen.

Falls wir das Gefühl haben, dass wirklich etwas in unserem Leben schief gelaufen ist, kann es sehr hilfreich sein, unser bisheriges Leben chronologisch an uns vorbeiziehen zu lassen. Wir erkennen unweigerlich, dass alles, auch das vermeintlich Schlechte, einen Sinn hatte, denn es hat uns dorthin geführt, wo wir heute sind: zu einer Situation, in der wir das Leben zu begreifen und uns ganz mit ihm zu versöhnen versuchen. Wir haben entdeckt, dass es außer Logik und Verstand noch andere Erkenntnismöglichkeiten im Leben gibt, dass wir auch spirituelle Wesen sind, dass ein System hinter allem steht, von dem wir selbst ein Teil sind, hinter dem wir alle die Sinnhaftigkeit des Lebens erkennen können.

Es erfüllt uns mit großer Freude und Leichtigkeit, wenn wir uns dazu bekennen. Denn keine Sekunde unseres Lebens war vergebens, sondern ein Mosaiksteinchen in einem großen Ganzen.

Vieles Negative, das wir erlebt haben, viele Wege, die wir „vergeblich" eingeschlagen haben, Sackgassen, die wir vermeintlich vorher schon hätten erkennen können, sind unser Anteil, den wir für das Leben ausprobiert haben, und daran war nichts umsonst. Wir dürfen an der Erkenntnis teilhaben und sind dadurch reich beschenkt. Unser Lebenssinn erfüllt sich, indem wir einfach zu uns selbst zurückkehren, in uns ruhen und mit uns und allen anderen eins sind. Mehr gab und gibt es nicht zu tun, hier sind wir angelangt, hier sind wir zu Hause.

Wir haben uns davon verabschiedet, alles logisch und vernünftig erklären und verstehen zu wollen, benötigen keine Definitionen für unser Leben mehr, keine vorgefertigten Lösungen. Wir waren und sind selbst Teil der Lösung, wir wussten es nur bisher nicht. Der Vorhang hat sich gelüftet. Was wir dahinter sehen, ist mehr, als wir uns vorstellen konnten.

Wenn uns trotzdem das Gefühl nicht loslässt, andere Menschen sehr unglücklich gemacht zu haben, erinnern wir uns daran, dass jeder am anderen wächst. Das sieht häufig ganz anders aus, als wir es uns wünschen oder gewünscht hätten, denn es passieren wahrhaft schreckliche Dinge. Häufig hilft nur, zu verzeihen oder um Verzeihung zu bitten.

Auch hier können wir wiederum nur bei uns bleiben, aus der Situation in Liebe lernen und andere neu verstehen, neu ansehen, neu und anders erleben. In der Liebe endet jeder Vorwurf, jede „Schuld". Wir halten inne und verbeugen uns vor dem Wunder der Transformation: Hass wird in Liebe gewandelt, Unverständnis in Verstehen, Dummheit in Erkenntnis, Oberflächlichkeit in Weisheit, Sinnlosigkeit in Sinn, Anklage in menschliches Verstehen.

Zuletzt gestehen wir uns ein, dass wir nicht alles logisch verstehen, nicht für alles eine Erklärung haben müssen und es hier und heute keine endgültigen statischen Wahrheiten gibt, sondern nur relative, die weiteres Wachstum in uns selbst versprechen.

Die andere Seite des Wohlstandes

Warum sind wir mit immer mehr „Besitz" nicht glücklicher geworden? Das Verführerische ist immer nur der erste Moment. Es entsteht eine große Freude über das Neue, aber schon nach wenigen Tagen ist es selbstverständlich geworden. Dann tut es uns noch gut, aber irgendwie ist die erste Freude verflogen, manchmal wird es gar langweilig.

Wenn wir auf diese Weise immer mehr Besitz um uns scharen, fängt es irgendwann an, uns zu belasten, zunächst ganz unmerklich. Aber dann beginnen wir, uns Sorgen zu machen, weil etwas verloren gehen könnte, weil etwas gestohlen werden könnte oder weil etwas kaputtgehen könnte. Und so werden wir die Gedanken nicht mehr los, sie schwirren ständig in unserem Kopf herum, auch wenn es uns vielleicht zunächst gar nicht so bewusst ist. Ein leises Geschnatter von Gedanken, das uns zu latenten Sorgen verhilft.

In seiner Gesamtheit wächst sich dieses Paket dann irgendwann zu der Angst aus, unseren Besitzstand nicht wahren zu können. Wir haben etwas erreicht und wollen es auf keinen Fall wieder verlieren. Natürlich hoffen wir, all unsere Freunde davon zu überzeugen, dass unser Besitz uns ja nichts bedeutet und wir jederzeit mit einer kleinen Hütte zufrieden wären. Aber tief in unserem Innersten nagt die Angst, irgendwann auf einmal ohne das alles dazustehen, sozusagen „nackt" zu sein. An dem Wort „nackt" wird dann deutlich, dass wir uns ohne Besitz so arm fühlen, als hätten wir nichts anzuziehen und wären den Blicken unserer Mitmenschen hilflos ausgeliefert. Wir stellen uns vor, kein Geld und keine Sicherheiten mehr zu haben und damit für die Gesellschaft tabu zu werden, weil wir am Spiel von Leistung und Gegenleistung nicht mehr teilnehmen können.

Um das Gefühl der ursprünglichen Freude wieder haben zu können, um wieder eine erfrischende natürliche Einfachheit in unser Leben zu bringen, fühlen sich viele dann auf einem Segelschiff, einer Wochenendhütte, in einem kleinen Zweitwagen (der nur das zum Fortbewegen „Notwendige" besitzt) oder Ähnlichem wohl, wo der erreichten Form kein Genüge mehr getan wird und Einfachheit nicht nur erlaubt ist, sondern zum guten Ton gehört. Nicht nötig zu sagen, dass auch hier das gleiche Spiel wieder von vorne losgeht: Hier noch eine Kleinigkeit, dort noch etwas Neues, bis auch hier Überfluss störend wird.

Und nun wird das flaue Gefühl stärker. Ja, manchmal bekommen wir sogar ein bisschen Angst, wenn auf der Arbeit, in der Firma etwas nicht funktioniert und wir die ersten Gewitterwolken aufsteigen sehen. Der neue Firmenwagen wird erst ein Jahr später fällig, die Gehaltserhöhung fällt nicht so hoch aus wie erwartet, bei der Beförderung verzögert sich etwas, oder vielleicht haben wir Angst um unsere Stelle?

Und unser ganzer aufgebauter Wohlstand fällt uns in den Rücken, die Sorgen nehmen kein Ende. Gerade wenn wir noch Aktienpakete, Fondsbeteiligungen oder Immobilien besitzen, sehen wir in der jetzigen Wirtschaftslage, dass nichts mehr wirklich sicher ist und uns unsere vermeintlichen Sicherheiten noch unsicherer machen. Nun schließt sich der Kreis. Wir sitzen in der Falle.

Die vermeintliche Freiheit, die wir uns schaffen wollten, wird zu unserem Gefängnis. Ich meine gar nicht so sehr die finanzielle Freiheit, ich meine die innere Freiheit, denn innerlich können wir uns nun nicht mehr frei fühlen, selbst wenn uns finanziell bis zu unserer Rente und darüber hinaus nichts mehr passieren könnte. Und selbst dessen kann man sich nie völlig sicher sein. Der Verlust der inneren Freiheit bedeutet, sein Glück an den materiellen Besitztümern festzumachen. Eine bewusste Entscheidung dafür war nicht erforderlich, es geschieht, ob wir wollen oder nicht.

Dieses Anhaften lässt uns vieles um uns herum nicht mehr wirklich erleben. Mit Erleben meine ich, dass wir nicht mehr frei sind für den Augenblick, die Teilnahme an der Gegenwart, wie sie nur im jeweiligen Moment geschieht.

Unsere Angst ist nämlich auf das Zukünftige gerichtet, das noch gar nicht eingetreten ist, und zieht uns aus der Gegenwart heraus. Das ist der gefährliche Irrtum, hier setzt das drückende Gefühl ein: das Verlassen der Gegenwart, das Verlassen der einzigen Zeit, über die wir wirklich verfügen können, die wirklich unsere ist. Nur hier und nirgendwo anders spielt sich unser ureigenstes Leben ab, hier wohnen wir, hier sind wir zu Hause, hier wohnt unsere Seele. Nirgendwo anders gibt es innere Ruhe, Zufriedenheit, Gelassenheit und Vertrauen. Nirgendwo anders kann sich ein Gefühl der Dankbarkeit entwickeln, dass es uns gut geht, so wie es uns geht, dafür, dass wir mehr haben, als wir brauchen. Damit ist ausdrücklich nicht gemeint, im Aussteiger-Sinne nur noch im Heute zu leben und sich für nichts anderes mehr zu interessieren.

Aber wenn ich vollständig und achtsam den Augenblick lebe, lege ich damit immer auch ein Mosaiksteinchen für meine Zukunft. Es geht gar nicht anders, weil Zukunft aus der gelebten Gegenwart entsteht. Wenn wir das Vertrauen haben, dass uns immer das Richtige geschieht, wir lernen, uns als ein wichtiges Element einer großen Einheit zu fühlen, nehmen wir entscheidenden Einfluss auf unser Leben. Wir nehmen uns ganz zurück und beobachten uns dabei, wie wir ganz automatisch das Richtige tun. Und nun geschieht eine Wandlung in uns: Wir nehmen ein Glück, eine innere Freiheit wahr, eine Einheit mit anderen Menschen, eine Dankbarkeit für unsere Situation: genau da zu sein, wo wir hingehören.

Diese Freude lässt uns spüren, dass aller Wohlstand, mit dem wir uns den freien Blick auf die Welt versperrt haben, viel weniger wert ist, als einmal das Gefühl zu haben: Ich bin hier, weil Liebe da ist, weil ich geliebt werde, weil ich andere lieben kann.

Das Leben im Augenblick führt mich immer auf den richtigen Weg, wenn ich vertraue. Ich lasse meine Last, meine Sorgen und Ängste los und lebe frei und unbeschwert. Trotzdem bricht die Welt nicht zusammen, trotzdem bin ich nicht von heute auf morgen arm.

Vielleicht geht mit der Zeit materieller Ballast verloren, aber wir fühlen uns nur noch freier und können in jedem Augenblick erleben, dass für uns gesorgt ist. Diese Freude übersteigt alles bisher Gewesene. Vielleicht finden wir mit der Zeit ein bisschen zum einfachen Leben zurück. Die Dinge, die auf der Strecke bleiben, werden auf einmal als unwichtig erkannt, hier ist weniger oft wirklich mehr. Mehr wird aber die Freude am Augenblick; ich bin mehr, kann einfach „sein" und „habe" weniger.

Der Austausch mit Mitmenschen vollzieht sich wieder ohne äußere Schranken, ohne etwas erreichen zu müssen, ohne Erwartung und Verteidigung. Wie viel mehr kann ich dadurch für andere und mich erreichen!

Ich erkenne, dass Wohlstand etwas ist, das von außen kommt. Alles, was ich brauche, ist in mir enthalten: Ich bin nicht getrennt von anderen Menschen und von der Welt. Es greift alles ineinander. Das kann ich mit meiner Achtsamkeit beeinflussen. Allein hier liegt meine eigentliche „Macht": das Geschehen durch mich hindurchfließen lassen, anstatt ständig gegenzusteuern, zu prüfen, zu bewerten.

Und so wird Wohlstand auf das reduziert, was ich gerade habe, was einfach gerade vorhanden ist. Ich freue mich über den glücklichen Augenblick, in dem es mir an nichts mangelt, und ich weiß, dass ich ihn nicht festhalten kann und auch nicht zum Glück brauche. Der nächste Augenblick kommt mit Sicherheit und wird mir das Notwendige zeigen.

Ich identifiziere mich also nicht mehr mit meinen äußeren Umständen, sondern nehme sie wahr und nehme sie an. Ich weiß, dass diese Umstände mich nicht ausmachen, sondern dass ich dies nur gerade hier und jetzt erlebe und dass dann der nächste Augenblick, der kommt, ein völlig anderer sein kann und wird. Aber ich brauche jetzt keine Angst mehr davor zu haben, weil aller

Reichtum, auf den ich vertrauen kann, in mir selbst ist. Ich lasse alles Äußere los, freue mich über das, was da ist, und identifiziere mich nicht mehr damit.

Damit werde ich innerlich frei und unabhängig. Wohlstand hat nur noch die Bedeutung des Augenblicks, nicht mehr der Zukunft. Ich halte mich nicht mehr daran fest und verliere die Angst vor der Zukunft. Mit der Zeit erkenne ich vielleicht auch, dass der Fernseher mir nur unnötige Aufmerksamkeit abverlangt, dass das neue Auto zu sehr meine Gedanken beansprucht und mich vom Eigentlichen in meinem Leben abhält, die vielen „to do's" für das neue Haus mich ganz aus dem Häuschen bringen und ich nicht mehr bei mir selbst sein kann. Dann werden all diese Dinge schädlich. Sobald ich glaube, keine Zeit mehr dafür zu haben, bei mir selbst zu bleiben, läuft etwas schief in meinem Leben.

Es kann niemals einen Grund geben, nicht achtsam im Augenblick zu verweilen, nicht bei aller Eile, nicht bei allen schrecklichen Momenten des Lebens. Beim Üben müssen wir viel Geduld mit uns selbst entwickeln: Jeden Moment einen neuen inneren Anker zu werfen, erfordert viel Aufmerksamkeit, die wir gar nicht mehr gewohnt sind und die unser ganzes Leben auf den Kopf stellt. Unser ganzer Ehrgeiz, noch mehr zu erreichen, noch weiter zu kommen, noch besser zu werden, verstummt.

Man könnte auch sagen, er bekommt eine andere Dimension: Wir suchen nicht mehr außerhalb von uns selbst. Unser Ehrgeiz wird hinfällig. Nach innen gibt es keinen Ehrgeiz, nur Sein, nur Achtsamkeit. Was für eine Befreiung!

Liebe neu entdecken

Die Liebe ist uns abhanden gekommen, könnte man meinen. Alle suchen wie verrückt nach Liebe: Liebesfilme haben Hochkonjunktur, Werbung wird mit Sexappeal verkauft, hinter der doch nur wahre Liebe stehen kann, welche Frau und welcher Mann würde sich schließlich so präsentieren, wenn sie oder er nicht lieben würde. Auweia. Wir achten sorgsam darauf, genug Liebe von unseren Mitmenschen zu bekommen, sie ist ein kostbares Gut, wir verschenken sie deshalb nur spärlich, es ist schöner und sicherer, welche zu bekommen als zu geben. Wir fühlen uns bei Menschen wohl, die uns zugetan sind, von denen wir häufiger Streicheleinheiten bekommen.

Häufig deuten wir gar den mangelnden Widerspruch von Kollegen und Kolleginnen als Zuneigung, je mehr uns jemand zustimmt, umso mehr mag er uns. Wir können aber getrost darauf vertrauen, dass solche Menschen selbst auf der Suche nach Liebe sind, und so wird ein unausgesprochener Deal abgeschlossen: Das Erkaufen von gegenseitiger Zuneigung wird als Unterform der Liebe gerne gehandelt.

Mangelnde Liebe macht krank

Oft sind es nur die regelmäßigen, kleinen Verletzungen und Enttäuschungen, die uns das Gefühl geben, nicht genug geliebt zu werden. Vielleicht haben wir in der Kindheit zu wenig Liebe bekommen, zumindest weniger, als wir uns vorgestellt hatten. Und jetzt können wir nicht mehr genug davon bekommen, wir müssen schließlich etwas aufholen, und wir tun alles, um Zuwendung und Anerkennung zu bekommen. Wir haben einen ungeheuren Ehrgeiz entwickelt, wie er im betriebswirtschaftlichen bzw. im Managementbereich ja auch gefordert ist, aber in Wirklichkeit kommt er von uns selbst.

Nur dass wir die maßlose Enttäuschung unserer frühesten Kindheit nicht mehr rückgängig machen können. Trotzdem verfallen wir in betriebsame Hektik, in Rastlosigkeit und Nervosität, bis wir schließlich in irgendeiner Form krank davon werden. Wir fühlen uns gestresst und überfordert in dem, was man von uns verlangt. Gleichzeitig fühlen wir uns manchmal in dem unterfordert, was wir aufgrund unserer Begabung leisten könnten. Es kann ein Gefühl entstehen, sich fehl am Platze zu fühlen. Die Frage nach dem Sinn des Lebens wird gestellt, es kann ein bohrendes Gefühl werden, das sich schleichend einnistet.

So verbirgt sich hinter vielen Aktivitäten nichts anderes als eine verzweifelte Jagd nach verlorener oder nie gefundener Geborgenheit, die mit häufigem Stellenwechsel und Partnerwechsel einhergehen kann, nur um immer wieder dieselbe Enttäuschung zu erfahren. Die verlorene Liebe werden wir dadurch nicht wiederbekommen.

Ein knappes Gut

Liebe ist so wertvoll, weil sie ein knappes Gut ist, man muss möglichst viel davon bekommen und wenig abgeben, so wird man reich. Was wäre, wenn Liebe allgegenwärtig und sozusagen im Überfluss vorhanden wäre? Wenn sie sich nicht verbraucht, sondern sich vervielfacht, sobald man sie verschenkt? Das ist kein Traum vom Schlaraffenland, das ist täglich mögliche Wirklichkeit, die wir selbst nur umzusetzen brauchen, es sind alle Voraussetzungen vorhanden.

Ein Lächeln schafft tausend andere, es verbraucht sich nicht, eine Hilfestellung pflanzt sich fort in immer neue Hilfestellungen, ein Verzicht auf egoistische Handlungen setzt Zeichen, die wieder zu uns zurückkommen.

Das fällt uns schwer zu glauben. Aber dass Töten weiteres Töten hervorruft, dass ein böser Blick einem andern Menschen den ganzen Tag verderben kann, dass ein Betrug den anderen hervorruft, das glauben wir gerne. Warum glauben wir das eine eher als das andere? Weil es sich in der Welt bis jetzt eher durchsetzen konnte. Warum konnte es sich besser durchsetzen? Weil wir fest daran glauben.

Aber warum halten wir wirklich daran fest? Weil wir Angst haben! Wir haben Angst, zu kurz zu kommen, nicht genug beachtet zu werden, nicht liebenswert zu sein. Wir schaffen es, aus einer Verletzung unserer Liebe zu schließen, dass man sich in Acht nehmen müsse, dass andere es nicht wert sind, dass sie einem doch nur die Liebe stehlen. Wir verschließen uns aus einer Kränkung heraus für ein ganzes Leben und bestrafen uns selbst. Strafe tötet Liebe, aber Liebe tötet Strafe, Unfreundlichkeit, Abneigung, Hass ...

All die schlechten Dinge im Leben pflanzen sich fort mit dem, was sie darstellen: Hass, Angst, Bedrohung, Ignoranz, Penetranz, Zynismus ... Wenn mich also jemand hasst, hasse ich zurück und vermehre den Hass noch, so kann ich die Spirale immer weitertreiben. Nur mit Liebe kann ich sie durchtrennen und umkehren, kann ich den Hass auflösen.

Wir können mit all unseren Beschwerden im täglichen Leben noch so Recht haben und all unsere Gegenmaßnahmen können noch so begründet und fundiert sein, wir schaffen sie mit nichts aus der Welt als mit Liebe. Und sie ist allgegenwärtig, wir brauchen sie nur zuzulassen. Frei von Angst, Erwartung, Hoffnung und Glauben kann sie sich ganz von selbst ereignen, sie ist einfach da, wir brauchen sie nur zu sehen.

„Und das Schlechte in der Welt, sollen wir das einfach ignorieren?“ Wir dürfen es nicht. Wo immer wir hinschauen, ist Liebe, leider oft fehlgeleitete Liebe, aber es hilft uns schon, den anderen zu verstehen. Wenn wir einen anderen verstehen, können wir nicht anders, als ihn zu lieben, weil wir uns in seine Lage hineinversetzen können.

Und es ist unsere einzige Chance, mit unserem Gegenüber, mit unserer Welt, mit unserem Leben Frieden zu schließen, uns selbst anzunehmen und zu lieben. Hier schließt sich der Kreis, es gibt keinen anderen, alles andere sind nur Spiralen, die in die falsche Richtung laufen.

Was heißt das: Wo wir hinschauen, ist Liebe? Wenn uns jemand anschreit, weil wir etwas falsch gemacht haben, ist das nicht nur die Sorge darüber, dass er seine Sachen jetzt vielleicht selbst nicht mehr gut machen kann? Wenn eine Mutter ihr Kind anschreit, ist das nicht nur die Verzweiflung, hilflos zu sein, wo sie gerne helfen möchte? Wenn ein Israeli oder Palästinenser zur Waffe greift, will er nicht nur das Land seiner Vorfahren gegen das „Böse" verteidigen, will er nicht nur seine vermeintlichen Lebensgrundlagen retten? Wenn Katholiken und Protestanten sich in Irland erschießen, ist es nicht nur die Angst, nicht angenommen zu sein und geliebt zu werden?

Wir würden in der Situation eines anderen mit seinem Hintergrund nicht und niemals anders handeln. Jeder andere ist ein Teil von uns und in uns, ob wir es wollen oder nicht. Wenn es einem Menschen in Ihrer Nähe schlecht geht, geht es auch Ihnen schlecht. Wenn Ihr Feind darniederliegt, ist die Freude schal, bei genauem Hinfühlen werden Sie entdecken, dass Sie sich innerlich leerer fühlen anstatt besser.

Wenn wir den anderen verstehen in seiner fehlgeleiteten Liebe, können wir ihn annehmen, müssen wir ihn nicht mehr verurteilen. Allein wenn wir seine Sorge, seine Angst, seine Unsicherheit verstehen, können wir ihm helfen, ein größeres Glück gibt es nicht, es ist die göttliche

Effektivität, hier können wir wirklich Leid aus der Welt schaffen, der Gewinn ist unermesslich, es ist die pure Sinngebung, und es ist die einzige.

Viel einfacher kann man es so ausdrücken: Warum werden wir nicht einfach erwachsene, reife Menschen, die nicht darauf aus sind, Liebe zu bekommen, sondern die unabhängig von äußeren Umständen Liebe geben können und sich darin nicht beirren lassen?! Der Rest ergibt sich von selbst, wir können uns selbst darin genügen, Liebe zu geben, anstatt auf Gegenliebe fixiert zu sein.

Die wichtigste Voraussetzung dafür, lieben zu können, ist die Fähigkeit, Menschen und Dinge so zu sehen, wie sie wirklich sind, sie objektiv sehen zu können, das tatsächliche Bild von meinem Bild zu trennen, das aus eigenen Ängsten und Wünschen, die nichts mit dem anderen zu tun haben, entsteht.

Denn sich den anderen Menschen in seiner Fantasie so zu erschaffen, wie man ihn sich vorstellt, ist reine Selbstsucht. Umgekehrt ist die Sucht nach einem anderen Menschen zerstörerisch für eine Beziehung, welcher Natur sie auch sein mag.

Taten sollten auch nicht nach der Person, die sie verübt hat, als gut oder schlecht charakterisiert werden. Gute Taten unseres Konkurrenten und/oder Kollegen bleiben gut, auch wenn wir sie nur aus unserer Hand heraus als gut charakterisiert hätten.

Hier kann uns die aus der Mode gekommene Haltung der Demut gute Dienste erweisen: Dann kann nämlich die Vernunft einmal sinnvoll zum Einsatz kommen, und wir können unseren Anspruch auf Allwissenheit und Allmacht endlich aufgeben und mit unseren Mitmenschen leben, nicht gegen sie.

Auch die Trennung in Familie und Fremde, in eigene Abteilung und andere, in eigene Firma und Konkurrenz, ist archaisches Denken, das langfristig untergehen wird.

Selbst wenn wir jetzt unserer Zeit voraus sind, können wir in unserem unmittelbaren Bereich beginnen. Nur wenn wir miteinander arbeiten, statt gegeneinander, und nicht das große Bild aus den Augen verlieren, können wir ein sinnerfülltes Leben führen. Dieses Loslassen von alten Wertvorstellungen, vom Ich im Gegensatz zum Du, lässt uns erwachsen werden und wahre Liebe und Kreativität in uns entstehen. Der Glaube an einen tiefen Sinn, mehr noch, die Erfahrung tiefen Sinns, entsteht im Vertrauen auf unser eigenes Vermögen, die Wirklichkeit in einem neuen Licht zu sehen, nämlich im Licht der Liebe.

Zu lieben heißt auch, alles so zu lieben, wie es geschieht. Wir lieben nicht nur das, was wir für wünschenswert halten, sondern das, was ist. Wir altern, sind vermeintlich erfolgreich oder nicht, sind glücklich oder nicht, unsere Kinder sind so, wie wir wollen oder nicht. Aber allein das erleben zu dürfen, das wirkliche Leben in all seinen Facetten geschehen zu lassen, ist wirkliches Glück, und wir sind manchmal nur deshalb unglücklich, weil wir alles nach eigenen Maßstäben messen und nur auf uns beziehen. Das aber ist eine Sackgasse, die uns viele Freuden des Lebens nicht erkennen lässt, weil wir nur auf uns bezogen denken.

Mit allen Sinnen fühlen, hören, riechen, annehmen, anerkennen, heißt, sich zum Leben zu bekennen, die Liebe zu bejahen, bewusst wahrzunehmen, heißt, darauf zu vertrauen, dass das Richtige geschieht. Es heißt, vital zu sein, ohne alles zu verplanen und nach eigenen Maßstäben zu bemessen. Hier kann ich nur unglücklich werden, weil meine Erwartungen praktisch nie eintreten, wofür brauche ich sie? Es geschieht nichts durch Erwartung, aber alles durch Vertrauen, was die höchste Form der Liebe ist.

Vor allem Liebe darf nicht mehr in den Privatbereich verbannt werden, wo ich ja sichergehen kann, etwas dafür zu bekommen. Liebe ist allgegenwärtig oder nur ein

Vertrag zwischen Menschen, die sich in der Welt verloren verkommen. Der Austausch von Materiellem oder Liebe auf der Basis von Gegenseitigkeit ist berechenbare Planung und kommt 1:1 zurück, wenn wir „Glück" haben. Die Liebe, von der hier die Rede ist, vervielfältigt sich, sie kommt zigfach zu uns zurück, wir brauchen dafür keinen Controller, der unser Budget verwaltet.

Sich Sorgen zu machen, heißt, dem Leben nicht zu vertrauen, heißt, mangelnde Liebe für das Leben zu entwickeln, heißt, auf der Hut sein zu müssen, was mit einem geschieht, und eben dadurch geschieht es.

In Wahrheit haben wir nämlich nicht nur Angst, nicht genug geliebt zu werden, sondern noch viel mehr Angst, selbst zu lieben! Das ist kein Wunder, weil viele Tätigkeiten in unserer westlichen Kultur eine liebevolle Einstellung erschweren, muss man doch, um erfolgreich zu sein, in möglichst kurzer Zeit möglichst viel erreichen. Da kann Liebe nur hinderlich sein, schließlich müssen wir gut funktionieren, aber Liebe benötigt zunächst Zeit, und wer hat die schon? Und so verkümmern unsere menschlichen Qualitäten und Aufgaben, die zu uns gehören. Wenn wir wieder zur Liebe fähig werden wollen, muss die Arbeitskultur uns dienen, nicht wir der Arbeitskultur.

Den im Arbeitsleben tätigen Menschen als funktionierende Marionette einzureihen, ist uneffektiv, weil es die Existenz der Liebe in Frage stellt, und somit unsere wichtigste Qualität nicht zum Einsatz kommt, sondern verkümmert. Die Liebe darf aber keine Ausnahmeerscheinung sein, wir können sie überall entdecken, aber wir müssen ihr zum Durchbruch verhelfen, sonst ist unser Leben nicht lebenswert und wir erfüllen nur die Aufgabe einer funktionierenden Marionette.

Dazu gehört auch, dass wir Tätigkeiten nicht als mehr oder weniger wert beurteilen, sondern in Liebe entdecken, dass jede Tätigkeit ihren eigenen, von uns nicht zu beurteilenden Wert hat. Wir brauchen uns nicht mit anderen zu vergleichen und andere nicht nach Ihrem Tun zu beurteilen, wir brauchen nur zu lieben.

Irgendwann verstehen wir auch, dass Begegnungen niemals zufällig sind, sondern das uns jede Person, mit der wir zusammentreffen, etwas Wichtiges mitzuteilen hat. Es passiert nichts Unwichtiges auf diesem Planeten, außer in den Situationen, in denen wir unser Leben verpassen. Man muss es gar nicht glauben oder ablehnen, man kann es einfach ausprobieren. Nämlich dann, wenn wir wieder lieben, teilt uns nicht nur unser Verstand mit, was sich lohnt, sondern unsere Seele zeigt uns, *was ist.* Der Verstand schließt sich der Seele an, umgekehrt geht es gar nicht, unsere arme Seele würde nur abgehetzt hinterherlaufen und in völliger Verwirrung eines Tages zugrunde gehen.

Mit einer neuen Sichtweise können wir erkennen, dass unter einem größeren Blickwinkel alles zum Guten geschieht und damit auch für uns selbst, nur leidet unser kleines Ego darunter und wir sind froh, wenn wir es nach und nach los werden, wenn wir unser kleinkariertes Glücksdenken loswerden, mit dem wir uns so unglücklich machen.

Mit dieser Haltung, die wir uns neu zu Eigen machen können, werden auch in unserem Berufsleben viele Widerstände von selbst fallen. Die faule Sekretärin, der ewig kranke Buchhalter entpuppen sich auf einmal als Menschen, die sich endlich angenommen fühlen und wirklich helfen wollen, anstatt ihren Frust auf irgendeine verkehrte Weise ausdrücken zu müssen.

Natürlich sind wir nicht vor falschen Kollegen gefeit. Aber wenn wir erst einmal unseren eigenen Teil als Vorbild beigetragen haben, können wir uns nüchtern auf die fachliche Ebene beschränken, wenn es etwas zu korrigieren gibt. Auch hier bleiben wir ganz bei uns: Wenn wir meinen, dass etwas anders gemacht werden muss, ist deswegen unser Gegenüber, das es anders gemacht hat, keinen Deut weniger wert. Das muss uns klar sein, das müssen wir zum Ausdruck bringen.

Noch etwas zur Bedeutung von Hilfe: Gerade jene, die unsere Hilfe nicht fordernd in Anspruch nehmen, haben sie oft besonders nötig. Wir sollten uns nicht einreden, dass niemand unserer Hilfe bedürfe. Im Gegenteil ist es wahrscheinlich oft genug so, dass entweder die benötigte Hilfe so offensichtlich ist, dass jedes weitere Wort überflüssig sein sollte oder dass einfach niemand damit rechnet, dass wir sie freimütig einfach anbieten würden. Manche sind in ihrer Fantasie echte Sankt Martins, aber in der Realität achten sie gar nicht mehr auf die Not ihrer Mitmenschen. Normalerweise braucht auch niemand mehr unseren abgeschnittenen Umhang, sondern zunächst einmal unsere mitfühlende Achtsamkeit. In den meisten Fällen können wir schon dadurch helfen, dass wir einfach da sind, wirklich und ohne Vorbehalte da sind, und nicht gedanklich schon in der nächsten Sitzung oder in unserem Terminkalender.

Vor einiger Zeit erzählte ein Berater, er habe in der Nähe von Dresden seinen Eltern und deren Nachbarn drei Tage gegen das damalige Hochwasser aktiv geholfen. Dies hätte ihm mehr Sinn gegeben als die letzten zehn Jahre in seiner Beratertätigkeit. Das können wir jeden Tag haben, wir brauchen dafür unsere Tätigkeit nicht an den Nagel zu hängen. Allein wenn wir mit anderen Augen durch die Welt laufen und unsere Tätigkeit wirklich mit dem Blick des Dieners ausüben (das geht bei jedem Beruf!), haben wir die Chance, unserem Leben einen wirklichen, erfüllenden Sinn zu geben, mehr als wir jemals durch Geld erreichen könnten.

In der Liebe ertrinkt alle Eifersucht, ertrinken alle heimlichen Rachepläne, das „Sich-Durchsetzen-Müssen", alle Unzufriedenheit über sich selbst und andere. Denn in der Liebe gehe ich einfach meinen Weg, tue das, was getan werden muss, und lasse mich nicht von meinem kleinkarierten Ich lenken, das überall Probleme sieht, wo ich einfach nur mein Ding machen, mich nicht beirren lassen müsste.

Es ist einfach eine andere Grundhaltung erforderlich, wir brauchen nicht unser ganzes Leben umzukrempeln, sondern nur auf uns Acht zu geben, mit welchen Gedanken wir durchs Leben stolzieren und uns selbst vom Sinn abschneiden. Und dann verändert sich unser Leben *in der Liebe.*

Diese Erfüllung bleibt uns nämlich, die Freude über Geld lässt uns immer nur noch ein höheres monetäres Ziel setzen, damit wir endlich glücklich werden. Damit können wir uns dann Glück in Liebesfilmen u. Ä. kaufen, und damit sind wir wieder am Anfang des Kapitels angelangt.

Und so bleibt uns nur, Liebe zu geben: nicht Liebe suchen, sondern verschenken. In jedem von uns ist unendlich viel Liebe, die er abgeben kann, ohne dass sie weniger wird. Liebe ist ein knappes Gut, weil wir es dazu gemacht haben. Aber Liebe lässt sich nicht in unserem bisherigen betriebswirtschaftlichen Denken einfangen: Liebe ist wirklich nur zu verschenken, ohne eine Gegenleistung zu erwarten. Wie reich und gesund könnten wir doch sein. Und so müssen wir die Liebe neu entdecken.

„Da alle moralische Verantwortlichkeit des Menschen von seinen Wertempfindungen bestimmt wird, muss dem epidemischen Irrglauben entgegengetreten werden, dass nur dem Zähl- und Messbaren Wirklichkeit zukomme. Es muss überzeugend klar gemacht werden,

dass unsere subjektiven Erlebnisvorgänge den gleichen Grad von Realität besitzen wie alles, was in der Terminologie der exakten Naturwissenschaften ausgedrückt werden kann."

KONRAD LORENZ

Zwischen Mann und Frau

Was ist nur aus uns geworden? Der Kampf der Geschlechter geht in die nächste Runde – im Arbeitsleben wie privat. Es ist hip, wenn sich eine Frau einen wesentlich jüngeren Mann „hält", wenn sie Karriere macht und den Haushalt ihrem Mann überlässt und wenn sie zu allem etwas zu sagen hat.

Ein Mann ist hip, wenn er eine wesentlich jüngere Frau „besitzt", wenn er Karriere macht und es schafft, dass seine Frau freiwillig den Haushalt macht, und natürlich muss er zu allem etwas zu sagen haben. Alles in allem also die gleiche Situation wie vor Hunderten von Jahren.

Aber alle wundern sich, dass die Geschlechter nicht mehr miteinander klarkommen. In Köln ist der Anteil der Single-Wohnungen mittlerweile auf über 46% (!) angestiegen, was für ein Wunder. In der Bibel steht, dass die Frau nur aus der Rippe des Mannes entstanden ist und sozusagen ein Nebenprodukt (Kostenstelle Mann) ist. Eine Frau schreibt genüsslich in einem langen Zeitungsartikel, dass der Mann nur ein gentechnischer Krüppel der Frau (Kostenstelle Frau) sein könnte, sozusagen ein auslaufender Irrtum der Natur. Natürlich alles biologisch untermauert.

Es geht immer um Macht, Macht über den anderen. Wir befinden uns immer noch auf der Ebene von Kindern, die sich darüber streiten, wer mehr wert ist, wen die Eltern lieber haben. Für sie ist es lebenswichtig, von den Eltern geliebt zu werden, andernfalls wird es ihnen ständig an etwas mangeln, auf jeden Fall jedoch an Liebe.

Für Erwachsene ist aber etwas anderes von Bedeutung: Wir sind einfach da und haben unseren eigenen Wert, den uns niemand nehmen kann, und zwar völlig unabhängig davon, ob wir weiblich oder männlich sind. Wie kommen wir dazu, den Wert von Menschen nach deren Geschlecht zu beurteilen? Wie kommen wir dazu, wie Kinder in einen Konkurrenzkampf zu verfallen, wer denn nun der oder die Tollste ist?

Ich frage mich immer mehr, wo wir eigentlich die Zeit hernehmen, solch archaische Spiele zu spielen. In der Urzeit mag die Unterwerfung der Frau unter den Mann eine wichtige Schutzfunktion gehabt haben. Während der Mann die Frau beschützte und sich auf die gefährliche Nahrungssuche begab, hat die Frau dafür den Getreideanbau erfunden, um vom täglichen Erlegen der Tiere und vom Finden von Nahrung unabhängiger zu werden. Alles in allem eine gute Arbeitsteilung.

Nur dass sie jetzt nicht mehr notwendig ist. Es geht nur noch um Macht. Macht ist offenbar in den Köpfen immer noch erotisch, und wer sie ausüben kann, gilt als anziehend. Leider ist Machtausübung und Angezogensein durch Macht eine archaische Funktion, ein Überbleibsel einer lange verschwundenen Kultur. Aus und vorbei.

Macht ist in Wirklichkeit überall vorhanden, sie schließt sich nicht gegenseitig aus und braucht nicht bekämpft zu werden, da sie keinen Alleinanspruch geltend zu machen braucht.

Wie soll das funktionieren? Wenn wir gemeinsam unsere innere Kraft bündeln, uns nicht durchsetzen müssen, sondern versuchen, die beste Lösung zu finden, ohne Ansehen des Geschlechtes, der Hierarchie oder des Alters, wenn wir eine Lösung suchen, die allem gerecht wird, ohne auf den eigenen Vorteil zu achten, wenn wir uns selbst zurücknehmen, uns nicht mehr in den Vordergrund stellen, sondern darauf achten, dass unsere Kollegen, Partner und Mitmenschen sowie die gemeinsamen Interessen nicht zu kurz kommen, dann haben wir die Macht jedes Einzelnen miteinander verbunden, jeder hat seine Kraft zum Wohle anderer eingebracht. Hier potenziert sich Macht.

Wo wir da hinkommen? Zu einer unglaublich effektiven Partnerschaft, zu einer unglaublich effektiv arbeitenden Firma, zu einer unglaublich effektiv arbeitenden Gesellschaft. Denn die nicht berücksichtigten Interessen, die verletzten Gemüter, die frustrierte Kreativität rächen sich hundertmal für ein Vergehen. Es ist geradezu eine Kettenreaktion, bei der mit einem einzigen Vorfall auf Dauer das Klima vergiftet werden kann. Wer in seiner Person und seinen Fähigkeiten nicht gesehen wird, dessen Fähigkeiten werden sich destruktiv auswirken, auch wenn er oder sie sich damit zunächst selbst schadet.

Das gilt für das Verhältnis von Staaten zueinander, im Sinne einer größeren Einheit, genauso wie für Paare im Sinne einer kleineren Einheit. So ist denn auch der Guerillakrieg ein typisches Beispiel für den Kampf zwischen David gegen Goliath. Wie kann sich Goliath einbilden, aufgrund seiner Stärke eine wertvollere Person zu sein, die das Recht eines anderen verletzen kann?

Wie können Israelis behaupten, Palästinenser seien weniger wert als sie selbst? Vor kurzem sind noch die Ehen von Israelis mit Palästinensern staatlicherseits diskriminiert worden, in einer Woche, als die Organspenden eines palästinensischen Kindes einem oder mehreren israelischen Kindern das Leben gerettet haben.

Wie können Amerikaner meinen, das Recht zu haben, überall da einzufallen, wo sie es gerade für nötig und profitabel halten? Und sich dann wundern, dass die Unruheherde nicht weniger, sondern mehr werden?

Auch zwischen Mann und Frau, zwischen Kollege und Kollegin kann es nicht ausbleiben, dass die Männer ihre historische Vormachtstellung nur noch in einem Chauvinismus ausleben können, der durch nichts gerechtfertigt ist. Was machen die Frauen? Sie zahlen nun mit (mindestens) gleicher Münze heim, siehe oben.

Es geht nicht mehr um ein Miteinander, sondern um ein Gegeneinander. In der Partnerschaft versucht jeder, seine Position zu behaupten, wie sollte er auch anders, wenn er sonst ständig überfahren wird, er hat gar keine andere Wahl.

Das Gegenteil von Macht (im alten Sinne) ist Liebe (Macht in neuem Sinne). Mit Liebe allein können wir wirklich die Welt verändern. Vielleicht klingt das in manchen Ohren immer noch lächerlich, ich habe es lange Zeit selbst für eine weinerliche und emotionsgeladene Antwort auf ein nicht bewältigtes Leben gehalten. Wo kommen wir schließlich hin, wenn jeder den anderen nur lieben würde; damit kann man doch keinen Alltag bewältigen. Genau das kann man, vergleiche die Ausführungen im Kapitel „Die Auflösung des Rätsels".

Liebe ist das Einzige auf der Welt, bei dem ich nicht mehr „warum" fragen kann, sie löst alle Fragen auf, lässt alle Frustration verschwinden, entfesselt eine unbändige Kraft. Liebe vermehrt sich, sie steckt an, man kann sich ihr nicht auf Dauer entziehen. Wenn wir nicht ohne Besitzdenken, ohne Herrscherwille bedingungslos zur Liebe zurückkehren, werden wir als Mann und Frau jämmerlich untergehen.

Es kann auch nicht schaden, wenn wir uns einfach einmal in den anderen hineinversetzen. Hui, was können wir da entdecken. Was für eine Erleichterung, den anderen einfach einmal zu verstehen und nicht ständig beurteilen zu müssen. Den anderen zu verstehen, heißt auch, sich selbst zu verstehen, sich selbst verzeihen zu können, sich selbst so annehmen zu können, wie man ist. Alles in allem eine Rechnung, die aufgeht, ohne dass eine gestellt werden müsste (was die Sache nochmals vereinfacht).

Wir sind füreinander geschaffen, wir können es jeden Augenblick neu erfahren. Wie das geht? Indem wir präsent im Augenblick verweilen, uns ganz der momentanen Situation hingeben, uns keine Komplimente mehr abringen und einfach ein Lächeln verschenken, ohne etwas dafür zurückzuerwarten: Lieben, ohne auf der Suche nach Liebe zu sein, geben, ohne etwas dafür zurückzuerwarten. Gerade für Betriebswirte eine erhellende Übung. Aus eigener Erfahrung kann ich sagen: VORSICHT SUCHTGEFAHR!

Zwischen Jung und Alt

Nicht viel anders sieht die Situation zwischen den Generationen aus. Die Älteren mokieren sich schon einmal über die Null-Bock-Generation, über das Anspruchsdenken der Jugend, über mangelnde Leistungsbereitschaft und vor allem über mangelnde Dankbarkeit.

Für die Jüngeren gehört man mit 35 Jahren schon zum alten Eisen, spätestens ab 45 Jahren gibt es nur noch das Prädikat „Kalkleiste". Alles über 50 ist scheintot. Wie schön.

Alles in allem also Unverständnis und Abgrenzung, wo das Auge hinreicht. Auch in den Stellenanzeigen wird eigentlich nie jemand ohne Berufserfahrung oder gezielt über 45 Jahren gesucht – mit ganz wenigen lobenswerten Ausnahmen.

Die Alten übersehen bei der heranwachsenden Generation, dass diese weit umfangreichere Aufgaben zu bewältigen hat als sie selbst, obwohl der Wohlstand (trotz Wirtschaftsflaute) viel größer als in der Zeit der eigenen Jugend ist und die Freiheiten unvergleichlich größer sind.

Aber mit Fleiß, Ordentlichkeit und Pünktlichkeit allein kann man es heute zu nichts mehr bringen. Es reicht nicht mehr, seine Aufgaben einfach gut zu machen. Vielmehr ist emotionale Intelligenz gefragt. Die Probleme sind unendlich vielfältiger. Angefangen bei einem ungleich komplizierteren Schulstoff, über wesentlich diffizilere Ausbildungsprüfungen bis hin zu endlosen Zusatzsausbildungen. Von „null-Bock“ kann keine Rede sein.

Ich will nicht in Abrede stellen, dass heute der Unterricht an den Schulen weitaus schwieriger ist als zu den Zeiten unserer Eltern. Eine endlose Zahl von frühpensionierten Lehrerinnen und Lehrern kann ein Lied davon singen, von den alkoholabhängigen gar nicht zu reden. Ist der Unterricht nicht bis zum Schluss „affengeil“, kann der Lehrkörper schon einmal in Ungnade fallen.

Was aber am wichtigsten ist: Es gibt keine einheitlichen Wertvorstellungen mehr, an die man sich einfach halten könnte, um in der Gesellschaft klarzukommen. Das ist einerseits ein Segen, andererseits erfordert es von werdenden Erwachsenen, sich selbst zurechtzufinden und sich ein eigenes Urteil zu bilden. Vielleicht sieht das manchmal wie „null Bock“ aus? Oder ist es vielleicht auch ein bisschen Neid, nicht eine solche Jugend gehabt zu haben?

Das ist alles in allem zunächst sehr verwirrend. Ich habe in meiner bisherigen Berufslaufbahn oft festgestellt, dass emotionale Fähigkeiten bei jüngeren Menschen oft viel mehr verankert sind als bei den vermeintlich Erwachsenen.

Um die Älteren unter uns steht es nicht viel besser. Berufs- und Lebenserfahrung wird oft nicht anerkannt, wer nicht mehr hungrig nach Leistung ist, sondern aus einer inneren Kraft und Erfahrung heraus den Alltag meistert, ist out. Wer sich nicht von der allgemeinen Hektik anstecken lässt und ohne optisch überlaufenden Schreibtisch und im Stehen eingenommenes Mittagessen trotzdem sein Pensum schafft, der wird leicht suspekt.

Eigentlich ist es müßig, darüber noch mehr zu schreiben. Während ich in jugendlichem Alter mein Ego erst noch aufbauen muss, lerne ich mit zunehmendem Alter, dass ich einen Wert in mir selbst habe. Die neueste Jeans, die letzte Überstunde machen mich nicht wichtiger, auch nicht vor mir selbst. In mir wächst etwas ganz anderes: Ich lerne, mit mir selbst zufrieden zu sein, mich weniger auf außen zu beziehen. Vielleicht entwickle ich eine ganz neue Liebe zu meinem Beruf, den ich auf meine neue Art und Weise besonders intensiv ausfülle. Vielleicht habe ich gelernt, mit wenig Aufregung meinen Job effektiv zu bewältigen?

Und für manchen Vorgesetzten ist es unerträglich, wenn ein älterer Untergebener sich einfach nichts mehr sagen lässt. Oder ein hoher Angestellter geht zwei Jahre vor seiner Pensionierung nicht mehr die umwälzenden Probleme der Firma an, weil er sie nicht mehr ausbaden muss.

Aber diese Problematiken zwischen Alt und Jung bekommen deshalb ein so großes Gewicht, weil wir alle über einen Kamm scheren, anstatt die Fähigkeiten jedes Einzelnen detailliert zu erkennen und einzusetzen. Häufig führt gerade die klischeehafte Einschätzung des Alters (gleich ob „zu jung“ oder „zu alt“) zu der befürchteten Ablehnung: Ausgerechnet uns fehlt die Sensibilität, die wir von anderen so selbstverständlich erwarten, ich habe schließlich ein Anrecht darauf, verstanden zu werden?!

Und schon sind wir wieder in die Falle gegangen. Anstatt zu geben, erwarten wir Anerkennung für uns, um dann den anderen anerkennen zu können. Wie sehr spiegeln sich unsere Unvollkommenheiten doch in unserem Gegenüber wider, es ist ein ideales Übungsfeld für uns.

Spiritualität begreifen

Das eigentliche Unglück auf dieser Welt besteht nicht in Krieg, Hunger und Trennung. Es besteht in dem Unvermögen der Verursacher, und damit auch in unserem Unvermögen, bei sich selbst zu bleiben, in sich hineinzufühlen, seinem Selbst und seiner Intuition zu folgen.

Wenn Menschen das Leid ihrer Vergangenheit anerkennen, fühlen und auflösen können, wenn Menschen die Angst vor der Zukunft in sich selbst entdecken und nicht „der Welt da draußen“ zuschreiben, wenn Menschen nicht auf Liebe hoffen, sondern lernen, bedingungslos zu lieben, dann wird es bald die oben genannten Zustände nicht mehr geben. Tod und Trennung würde es nur noch auf natürliche Weise geben. Hunger und Kriege würden gar nicht mehr entstehen.

Wenn jeder bei sich selbst bleibt, nicht mit dem Finger auf andere zeigt, wenn jeder das Unglück dieser Welt in sich selbst entdeckt, die Wut, die Aggression, den Ärger, den Zorn, die Verzweiflung, die Tränen, die Leere nicht anderen zuschreibt, sondern seinen Anteil daran anerkennt und sich im anderen wiedererkennt, dann hat der Homo sapiens eine Chance, das angebrochene Jahrhundert zu überleben.

Das angebrochene Millennium wird nicht an Kriegen, Hungersnöten und Umweltzerstörung zugrunde gehen, sondern an der inneren Haltung, die wir alle neu lernen müssen. Wer behauptet, die Krise der Israelis und Palästinenser gehe ihn nichts an und habe mit ihm nichts zu tun, irrt gewaltig. Dieser Konflikt – wie jeder andere auch – wohnt genauso in uns. Die Feindschaft der protestantischen und katholischen Iren ist im Keim auch in uns. Der rechthaberische Weltmachtglaube der Amerikaner, das Ausrufen eines Krieges gegen den Irak von George Bush, „den Gott uns geschenkt hat“, war gleichzeitig Ausdruck einer Lebensangst und -unsicherheit, die ihresgleichen sucht – und sie wohnt auch in uns. Das Bedürfnis, alles unter Kontrolle haben zu müssen, bringt uns regelrecht um. Diese Krisen wären nicht so verlaufen, wenn sich die Beteiligten ihrer Angst, Wut und Hilflosigkeit innerlich hätten stellen können.

Genauso läuft der Alltagskampf ab: Wir sichern uns gegen andere ab, bilden Koalitionen gegen andere Koalitionen. Das Prinzip des Alten Testaments, „Auge um Auge, Zahn um Zahn“, wird immer noch konsequent im Großen wie auch im Kleinkarierten, gesellschaftlich anerkannten Scharmützel angewandt. Die neuere Version, „Liebe deinen Nächsten“, gilt bei manchen sonntags zwischen 10 und 11 Uhr, bei vielen fällt sie ganz aus. Und so führt das Kleine zum Großen, führt das Große zum Kleinen.

Das lässt sich nicht dadurch ändern, dass wir uns „beherrschen“, uns „zusammenreißen“ oder uns „überwinden“. Es funktioniert nicht durch gewolltes energisches Handeln, nicht durch Konzepte. Es funktioniert nicht durch verstandesmäßiges Entscheiden, nicht durch jahrzehntelang vervollkommnete Logik.

Dass es tatsächlich nicht funktioniert, sehen wir daran, dass die Welt sich verschlechtert. Obwohl mittlerweile viele Krankheiten nicht mehr tödlich sind, obwohl technische Errungenschaften das Leben nicht mehr lebensgefährlich erscheinen lassen, obwohl wir mittlerweile den biologischen Menschen fast vollständig erklären können, haben wir eines vergessen: die Spiritualität, die aus dem Augenblick heraus entsteht, im Verweilen in der Achtsamkeit, in der Zuwendung zu unserem Innersten, in der Verbindung zu uns und den anderen. Wir haben uns weit von uns selbst entfernt, tun Dinge, die wir doch irgendwann bereuen werden, verpassen eine Chance, wo wir genau wissen, dass wäre sie gewesen. Wie schaffen wir es, aus unserem alten Teufelskreis auszubrechen?

Innere Kraft entdecken

Uns muss klar werden, welche ungeheure Kraft wir besitzen. Indem wir uns nicht nur auf unsere eigene willentliche Anstrengung verlassen, sondern im Vertrauen loslassen, dass wir etwas erreichen müssen, dass etwas geändert werden muss. Indem wir diesen Gedanken in uns nachspüren, sie ganz fühlen und durch uns hindurchströmen lassen, passiert das Wunder: Es wird durch uns getan, wir tun vielleicht etwas, aber nicht aus dem verstandesmäßigen Willen heraus, sondern aus Intuition heraus. Vielleicht sind wir immer noch fleißig, aber wir strengen uns nicht mehr an.

Hier haben wir unser wahres Selbst gefunden, hier sind wir ganz bei unserem Ursprung, haben wir die spirituelle Quelle des Lebens angezapft. Wir brauchen nicht mehr schwerwiegende Argumente abzuwägen, uns in endlosem Fachwissen zu verlieren, sondern spüren eine Kraft in uns, die für uns, für das Leben da ist, sogar das Leben selbst ist. Wir zwingen keine Entscheidungen mehr herbei, geben uns der Illusion nicht mehr hin, wir würden unser Leben tatsächlich selbst bestimmen. Wir tun es verantwortlich allein dadurch, dass wir unser Selbst entdecken, dass wir entdecken, wer wir sind und was wir gerade tun. Was wir bis jetzt von uns dachten, sind nur Konzepte, wir wähnten uns als Mittelpunkt in einem Leben, das vielleicht eher der Werbewelt entstammt: durch Leistung zu etwas geworden, vielleicht in Ehren ergrauend, sich intelligent auf den Ruhestand vorbereitend. Pustekuchen.

Wir sind, was wir sind, nämlich kreative Menschen, die ein Herz und vor allem auch eine Seele besitzen. Das schlechte Gewissen kommt vom Verstand, aber das unruhige Gefühl des eigentlich Nicht-Wollens kommt von der Seele. Es hat seine tiefe Bedeutung: Wir sollen es nicht überwinden, sondern ihm folgen, es ist kein sentimentales Gefühl in uns, sondern unser wahres Selbst, und wir haben es bislang als störend, bestenfalls wehleidig wahrgenommen: Ja, wir würden gerne, ... aber es geht „natürlich" nicht. In dieser Rolle können wir immer sicher sein, dass wir vom Weg abgekommen sind.

Der Verstand hat uns einen Weg diktiert, der aus seiner Sicht die richtige Lösung produziert. Er kennt aber den Weg nicht, weil er nur einen sehr kleinen Ausschnitt des Lebens sieht, die Intuition dagegen führt uns niemals in die Irre, wir müssen sie nur neu entdecken. Sie wohnt in jedem von uns. Jeder trägt sein unverlierbares Potenzial mit sich herum, es ist kostbarer als alles, was wir besitzen könnten. Dieses Potenzial besitzen wir aber nicht, sondern es wohnt uns einfach inne, ist Teil von uns, möchte uns durchdringen, möchte zum Vorschein kommen und sich selbst verwirklichen. Hierin liegt unsere wahre Lebensaufgabe, nichts anderes kann uns richtig leiten, alles andere führt uns auf den Holzweg, ist verlorene Zeit.

Dieses ewige „Keine-Zeit-Haben", „In-Sachzwängen-Leben", „Zu-viel-arbeiten-Müssen" ist nichts anderes als die Flucht vor uns selbst. Damit kann man sogar vor anderen versichern, dass man ja gerne anders würde, wenn man könnte, wenn es die Umstände zulassen würden. Die nicken dann, ihnen geht es schließlich genauso, man bestätigt sich untereinander, schließlich leben wir alle in einer Welt, wo man nicht so kann, wie man will. Das kann man sich dann noch zu Hause liebevoll bestätigen lassen, und man fühlt sich dann insgesamt anerkannt, geliebt und verstanden.

Leider hat man sich nur selbst betrogen, das Selbst in uns ist wieder zu kurz gekommen, es wurde wieder gemeinschaftlich erstickt, und es schweigt wie ein Kind, das einfach nur sein Bestes geben will, aber wieder in die Ecke gestellt worden ist, weil sein Benehmen nicht gepasst hat. Am nächsten Morgen versucht es unverzagt sein Glück aufs Neue. Auch diesmal wird ihm einfach nicht zugehört, und es geht den ganzen Tag so. Irgendwann verliert es sich selbst und lebt nur noch angepasst in den schematisierten Tag hinein, die schematisierte Woche, das schematisierte Jahr, das schematisierte Leben. Wir nehmen es gar nicht mehr wahr, es hat sich uns scheinbar angepasst. In manch losgelösten Momenten kommt es nochmals zum Vorschein, als origineller Witz, als sympathische Eigenart eines an sich liebevollen Menschen, der für einen Moment aufblitzt – und dann ist es wieder vorbei. Schade um das verpasste Leben, aber Hauptsache wir haben es zu etwas gebracht.

Nach einem anstrengenden Berufsleben können wir uns dann endlich zurücklehnen und haben Zeit für uns. Können ganz wir selbst sein, brauchen uns nicht mehr zu quälen. Das hätten wir jeden Moment unseres Lebens haben können, von Anbeginn, wenn wir nur auf uns selbst gehört hätten. Die Motivation, die uns wirklich innewohnt, hätte uns zu allem getragen, was wir wirklich wollen, eingebettet in unser Leben, das wir führen. Vielleicht ist es noch nicht zu spät.

Diejenigen von uns, die sich matt fühlen, sich jeden Tag wieder überwinden müssen, die nicht mehr wollen, die angespannt und kraftlos sind, sind ihrem Wesen oft am nächsten. Fast alle im Berufsleben haben solche Gefühle von Zeit zu Zeit. Sie sind kein schlechtes Zeichen, wenn wir auf sie hören, uns vom kleinlichen Besitzdenken lösen, uns nicht selbst damit betrügen, dass wir schließlich auf die Meinung anderer Rücksicht nehmen müssen. Damit ist nicht egoistisches Aussteigertum gemeint, nach dem Motto: Ihr könnt mich alle mal! Es ist etwas ganz anderes gemeint: Das Loslassen des ständigen Wollens und Müssens und das Zulassen unserer inneren Kraft, die für uns, nicht gegen uns arbeitet, die uns dienen, nicht ablenken will, die viel mehr weiß als wir und der wir nur zu folgen brauchen – sie wird uns sicher zum Ziel führen.

Das ist Spiritualität, wie ich sie verstehe. „Nicht mehr wollen" als Befreiung zu erleben, seine Wünsche als wichtige Gedanken anzusehen, als Teil von sich selbst und dann loszulassen in dem Wissen, dass alles zu unserem Guten geschieht. Das ist die Befreiung in uns selbst, von unserem aufgesetzten Ich, von unseren vermeintlichen Notwendigkeiten, von den scheinbaren Zwängen, die wir so gerne vorschieben, um ja nichts ändern zu müssen. Irgendwann können wir dann tatsächlich nichts mehr ändern, dann haben wir uns selbst bestätigt und das Gefühl, doch alles richtig gemacht zu haben. Wir haben schließlich getan, was wir konnten. Irrtum, wir haben überhaupt nichts getan von dem, was wir konnten, nichts von dem, wozu wir berufen sind.

Nur wenn wir ganz bei uns selbst sind, führt etwas in uns „unseren" Pfad entlang, keine weitere Anstrengung als diese ist erforderlich, und das ist schon mehr als genug, es erfordert viel Konzentration und Disziplin, achtsam durch das Leben zu gehen, den Verstand ständig an seine wahre Aufgabe zu erinnern: ganz im Moment zu bleiben, präsent nur das zu tun, was wir tun, nicht im Voraus denken, nicht Vergangenes bedenken: nur im Hier und Jetzt bleiben. Im Augenblick liegt auch der Grundstein für die Zukunft, der wirklich gelebte Augenblick versperrt uns nie die Zukunft, sondern gestaltet sie.

Die Vergangenheit ist vorbei, sie soll uns in der Gegenwart nicht mehr behindern. Ganz im Augenblick zu leben, ist das höchste Ziel, was wir haben können. Im Augenblick liegt das Glück des Lebens, hier ist alles enthalten, was wir brauchen, nicht mehr und nicht weniger. Der Augenblick ist alles, was wir haben, die einzige Zeitspanne in unserem Leben, die wir selbst beeinflussen können, dadurch, dass wir ihn zulassen, intensiv in ihm verweilen und das Leben in uns empfinden. Mehr brauchen wir niemals zu tun, und es ist schwer genug.

Spiritualität ist das Wissen darum, dass alles einen tiefen Sinn hat, uns begegnet nichts zufällig. Dieses Buch liegt nicht zufällig vor uns und wir wissen, dass wir dabei sind, einen entscheidenden Schritt zu tun, der unser Leben verändert. Wir lassen los, vertrauen uns dem Leben an und fühlen uns sicher aufgehoben: In unserem Vertrauen bestimmen wir selbst, wie weit wir uns anvertrauen, wie weit wir gehen wollen, uns sind hier keine Grenzen gesetzt, wir setzen sie uns selbst. Darin liegt unsere wahre Verantwortung, wir können nur selbst entscheiden.

Spiritualität hat nicht unmittelbar mit Religion zu tun. Gerade auch bei nicht religiösen Menschen findet sich häufig eine sehr spirituelle Einstellung zum Leben. Die Falle vieler Religionen ist, dass sie sich selbst für den einzig wahren Glauben halten und nicht erkennen, dass sie nur Sichtfenster, nur Hilfestellung dabei sein können, seine eigene Spiritualität, seinen eigenen Weg zu finden. Alles Unterscheiden in gut oder schlecht, richtig oder falsch muss verstummen angesichts der Tatsache, dass in uns eine unverlierbare, lebensbejahende und weise Zustimmung zum Leben vorhanden ist. Diese muss nur entdeckt, nicht bewertet werden, das wäre eine verstandesmäßige Anmaßung, die tötet, was vorhanden ist.

Leider findet diese Anmaßung immer noch seitens vieler Religionen statt, sie nimmt sogar noch zu, wenn man an die fundamentalistischen Richtungen denkt, die vor lauter Lebensangst alles bis ins kleinste Detail vorschreiben, anstatt bei der Suche nach der eigenen Mitte zu helfen, wo alles in Vollkommenheit vorhanden ist, nichts hinzugeführt werden braucht und nichts wegzunehmen ist.

Aus diesen Gründen fühle ich mich dem Buddhismus verbunden, er sieht sich nicht als Religion, sondern als Hilfestellung. Er lädt uns ein, eine Einheit zu erfahren, bei der es nicht um die Menschen da unten und den Gott da oben geht, sondern beides untrennbar zusammengehört. Ich sage bewusst, ich fühle mich verbunden, und nicht, dass ich Buddhist bin. Auch den Buddhisten schlechthin gibt es nicht, es gibt nur Menschen, die durch den Buddhismus zu sich gefunden haben.

In der christlichen Welt findet sich eine solche Einstellung bei den Mystikern. Im Kern finden Buddhismus und Mystik auf wunderbare Weise zusammen. Ich finde es faszinierend, wenn Menschen aus völlig unterschiedlichen Richtungen starten und doch am selben Ziel ankommen.

Ich möchte diese Thematik nicht vertiefen und mich in diesem Buch nur an die Essenz von allem, dem achtsamen Erleben des Augenblicks, dem intensiven Verweilen im Hier und Jetzt, halten. Hier ist alles, was wir brauchen, hier können wir in der äußeren Hektik des Lebens unsere Ruhe finden, wo wir sind, was wir tun, woran wir auch glauben. Hier finden alle verschiedenen Ansichten zum Leben ihr Ende. Hier verstummt jede religiöse, jede weltanschauliche Diskussion, hier – und nur hier – finden Menschen tatsächlich zusammen, ohne Bewertung, ohne Konzepte, ohne „Ansichten", nur im Erleben und Austauschen des Augenblicks. Nur hier findet Wahrheit statt, alles andere ist zukünftig oder vergangen und nicht durch uns beeinflussbar.

Es ist ein Segen, es braucht uns keine Angst zu machen, es kann uns mit Freude erfüllen. Wir brauchen nur da zu sein, wo wir gerade sind, nirgendwo sonst. Es ist, als ob uns jemand sagen wollte: Genug, du hast dich genug gesorgt, halte inne, du brauchst nicht mehr zu tun, als die Zeit, die du verantwortest: den Augenblick. Und der wird dir geschenkt, wenn du ihm voll vertraust Du bist gut aufgehoben.

Was für eine unglaubliche Freiheit daraus entsteht, eine Befreiung aus unserem Gefängnis, zu meinen, wir müssten uns in allem behaupten, um nicht unterzugehen! Es ist nämlich genau umgekehrt: Wir gehen unter, wenn wir glauben, alles im Leben hänge von unserem Willen ab. Das ist ein Allmachtsglaube, der viel Unglück anrichten kann und es in der Welt auch tagtäglich tut, durch den Kriege entstehen. Dieser Glaube, der ohne Liebe ist, führt zu Fanatismus. Daraus ist der Irak-Krieg entstanden, daher rührt der palästinensisch-israelische Konflikt, daher rühren die Brandherde auf der Erde.

Zurück zu diesem Buch: Ich habe dieses Buch nicht gewollt, es ist durch mich entstanden, ich war das Werkzeug, ich habe es nur zugelassen und manchmal hat es weh getan. Immer war es jedoch eine Erfüllung, ausgedrückt zu haben, was heraus musste, es war fast immer ein passiver Vorgang, ich habe nichts aktiv herbeigeführt, ich habe allerdings geschehen lassen, oftmals hat mich eine innere Unruhe tief im Inneren berührt, ohne das ich wusste, was es ist, wohin es führen soll. Das hat manchmal schrecklich weh getan, und ich habe es mit Ärzten, Medizin, Sport, Überstunden und Reisen nicht besiegen können. Diese Unruhe war mein Leitstern, der mich immer weitergezogen hat, ohne sich mir zu offenbaren. Heute sehe ich, dass kein einziger Moment in meinem Leben überflüssig war, jeder hat mich dahin geführt, wo ich jetzt stehe, und ich bin dankbar dafür, dass ich es erleben durfte und darf. Der Schmerz der Unruhe wurde transformiert in die Neugier, zu leben, zu entdecken. Es ist, als wenn das Leben mich entdeckt hätte. Genau das wünsche ich von ganzem Herzen jeder Leserin, jedem Leser, dass das Leben sie/ihn entdecken, immer neu finden möge.

„1. *Ziehe in Betracht, dass große Liebe und große Leistungen große Risiken mit einschließen.*
2. *Wenn Du verlierst, versäume nicht die innewohnende Lektion*
3. *Folge den drei „A's": Selbst-Achtung, Achtung für andere und Ver-Antwortung für alle deine Handlungen.*
4. *Bedenke, dass nicht zu bekommen, was Du Dir wünschst, manchmal ein Glücksfall ist.*
5. *Lerne die Regeln, so dass Du weißt, wie Du sie richtig brichst.*
6. *Lass nicht zu, dass durch einen kleinen Streit eine große Freundschaft verletzt wird.*
7. *Wenn Du bemerkst, dass Du einen Fehler gemacht hast, unternimm sofort etwas, ihn zu berichtigen.*
8. *Verbringe täglich etwas Zeit allein.*
9. *Sei offen für Veränderungen, aber lass Deine Werte nicht los.*
10. *Bedenke, dass Schweigen manchmal die beste Antwort ist.*
11. *Lebe ein gutes, ehrenhaftes Leben. Wenn Du dann älter wirst und zurückdenkst, wirst Du es ein zweites Mal genießen können.*
12. *Eine liebevolle Atmosphäre in Deinem Zuhause ist das Fundament für Dein Leben.*
13. *Bei Unstimmigkeiten mit geliebten Personen beziehe Dich nur auf die aktuelle Situation und wühle nicht in der Vergangenheit herum.*

14. *Teile Dein Wissen. Dies ist ein Weg zur Unsterblichkeit.*
15. *Sei freundlich zu Deinem Planeten Erde.*
16. *Gehe einmal im Jahr an einen Platz, an dem Du noch niemals zuvor warst.*
17. *Bedenke, dass die beste Beziehung die ist, in der Eure Liebe füreinander größer ist als Euer Bedürfnis für einander.*
18. *Beurteile Deinen Erfolg anhand dessen, was Du aufgeben musstest, um ihn zu erlangen.*
19. *Geh an die Liebe und an das Kochen mit unbekümmerter Hingabe heran."*

MANTRA VOM DALAI LAMA FÜR DAS 3. JAHRTAUSEND – ANWEISUNGEN FÜR DAS LEBEN

Alles genau wissen müssen?

Alles genau wissen zu müssen, alles detailliert begründen zu können, nichts von sich zu geben, was nicht hundertprozentig hieb- und stichfest ist, ist das (genaue) Gegenteil von Spiritualität. Es ist ein Verhinderer aller erster Güte, mit dem wir uns jeden Tag aufs Neue ein Bein stellen können. Es ist unsere tägliche Hürde, mit dem Verstand alles hieb- und stichfest begründen und entscheiden zu müssen, andernfalls lieber den Mund zu halten. Es ist der klassische seelische Knock-out, der durch unseren Verstand herbeigeführt wird. Der Verstand herrscht dann über uns, nicht wir über unseren Verstand. Er ist nur ein Werkzeug, das uns dienen soll und wichtige Dienste leistet, der aber nicht die oberste Funktion haben kann und darf, es ist der Irrtum unserer westlichen Gesellschaft. Jeder, der etwas von sich gibt, wird nach einer Begründung gefragt, wenn sie „logisch" ausfällt, findet er Beachtung.

Da der Verstand jedoch nicht alles übernehmen kann, sondern im Gegenteil nur einen kleinen Ausschnitt des Lebens überblickt, werden systematisch falsche Lebensentscheidungen getroffen, vergewaltigen wir uns täglich selbst, lassen wir unsere Seele verkümmern.

Die Seele nämlich lässt niemanden im harten Alltag im Stich. Wenn wir ihr folgen, finden wir unser wahres Selbst, werden wir geführt, nicht verführt, und relativieren die Bedeutung unseres oberflächlichen Ichs auf das, was es wirklich ist: Die Welle, die aber ohne das Meer nicht sein kann und untrennbar zu ihm gehört. Das Ich wird vom Verstand geführt, unser Selbst von der Seele. Wenn wir das nicht zusammenbringen, verfehlen wir unser wahres Potenzial und bleiben weit hinter dem zurück, was wir tatsächlich bewirken könnten. Wenn wir nicht den Mut haben, auf- und für unser Selbst einzustehen, verkümmern wir innerlich, stumpfen ab und sehnen uns nach einem besseren Leben, das wir aber für unerreichbar halten. Wir finden aber keine Zuflucht in materiellem Wohlstand, der stets nach mehr verlangt und uns nicht befriedigt.

Dabei steht das Leben vor unserer Tür, es will ganz konkret von uns verwirklicht werden, aber wir lassen es nicht herein, wir hören nicht darauf. Hier schließt sich der Kreis, wir sind gefangen in unserem eigenen Gefängnis, wofür wir selbst verantwortlich sind, niemand sonst. Bis heute hat das Leben den Sinn gehabt, uns zu dieser Erkenntnis zu führen, ab jetzt können wir aktiv sein, indem wir dem Leben die Tür öffnen und uns führen lassen, zu unserer eigentlichen Bestimmung, zu unserem eigentlichen Selbst.

Hier endet alle willentliche Anstrengung, es ist ein wegloser Weg, den wir nur für uns gehen können. Jeder Ratschlag, wohin wir gehen sollen, kann nur in die Irre führen. Wir brauchen nun keine Meister mehr, die uns den Weg zeigen, sondern wir brauchen Wegbegleiter, mit denen wir uns austauschen können. Man kann es nicht beweisen, kann es nicht begründen, sondern nur in sich selbst fühlen, es ist nicht diskussionsfähig, man kann es nur tun oder lassen, sich nur darauf einlassen oder nicht.

Als ich angefangen habe, von meiner bisherigen Laufbahn nach und nach abzuweichen, wusste ich bis zur ersten Seite des Buches und darüber hinaus nicht, wohin ich geführt würde, es waren viele Höhen und Tiefen, deren Sinn ich erst im Nachhinein erkannt habe. Ich bin froh darüber, es so erleben zu dürfen, mich so sicher aufgehoben zu wissen. Das ist kein Zufall, alles lässt sich im Einzelnen zurückverfolgen.

Sich selbst einzugestehen, dass man keine Lösung hat, ist in Achtsamkeit geübtes völliges Loslassen. In diesem Moment wird die Lösung sichtbar, ein Weg zeigt sich auf, ein erster Schritt wird getan, auch wenn wir ihn nicht gleich verstehen, das ist unwichtig. Aber wir können später immer den Weg haarklein zurückverfolgen und sehen, dass alles mit totaler Präzision abläuft und um ein Vielfaches weitsichtiger ist, als wir zu planen und zu denken vermocht hätten!

Es ist pure Einbildung, zu glauben, wir würden unser Leben selbst steuern, wir würden im Voraus wissen, was mit uns geschieht. Wir wissen es nicht, und das Höchste, was wir tun können, ist aus dem Nichtwissen heraus, aus dem Wissen, dass wir nichts wissen, frei zu handeln, unserer Intuition zu folgen. Die Feststellung, dass wir wirklich nicht wissen, wozu wir was machen, wenn wir aus der Intuition heraus handeln, verhilft uns zu großer innerer Freiheit, die uns zu völlig neuen Einsichten führt, die wir bislang nicht für möglich gehalten haben.

Wir brauchen uns nicht zu wundern, wenn wir manchmal ganz woanders landen, als wir gedacht haben. Wir haben eben nur gedacht, und nicht gewusst, was wir leben, denn wir dürfen „nur" erleben. Es ist ein wunderbares Gefühl, nicht mehr wissen zu müssen, sondern sich selbst zu erleben, wie aus einem selbst heraus alles geschieht. Sich selbst zurückzunehmen, es nicht besser wissen müssen, sondern annehmen zu können, ist eine unglaubliche Bereicherung, die das eigentliche Lebensgeschenk ist.

Wer sucht, wird nicht finden

Das immer währende Bemühen um Lösungen, die praktikabel sind, ist eine ehrenwerte und notwendige Tugend. Dennoch beruht sie auf der Einstellung, im Leben stets auf die Ratio zu hören. In vielen Fällen unseres Lebens ist das unvermeidlich, aber die wirklich wichtigen Aufgabenstellungen des Lebens und die entscheidenden Lösungen werden uns so nicht zuteil.

Wir können durch aktive Suche und intensives Bemühen nicht erreichen, was wir nicht schon in uns hätten, was es auch sei. Manches passiert vielleicht, obwohl wir uns bemühen. Aber unsere persönlichen Anliegen können wir nicht durch gezieltes Herangehen an die Problematik bewältigen. Ist ihnen schon einmal aufgefallen, dass sich Lösungen immer dann ergeben, wenn Sie sie am wenigsten erwartet haben? Das sich ein Problem häufig erst dann löst, wenn wir aufgehört haben, daran herumzudoktern, wenn wir uns eingestehen, nicht weiterzukommen?

Geht Ihnen manchmal eine Frage tagelang durch den Kopf und sie drehen sich bei der Beantwortung im Kreise und dann, wenn Sie sie für einen Moment ganz vergessen haben, schwebt die Lösung plötzlich vor Ihnen? Das ist kein Zufall, es entspricht dem bewussten Erleben einer Problematik, dem intensiven Wahrnehmen und dem anschließenden Loslassen. In beidem sind wir nicht aktiv, sondern passiv tätig und überlassen uns ganz dem Augenblick. Bisher taten wir es mehr oder weniger aus Versehen. In Zukunft können wir solche Situationen bewusst erleben und spüren, dass wir unsere Probleme nicht allein lösen müssen, ja nicht einmal können.

Es ist der Wahn unserer Zeit, der Machbarkeitsgedanke einer vergangenen Generation, einfach die Ärmel hochkrempeln zu können und dann drauflos zu wollen, schließlich sind wir unserer eigener Herr!? Wir sind es nicht, es ist müßig, darüber zu diskutieren. Wir sind nicht aus uns selbst heraus entstanden, wir haben nichts selbst entworfen, wir haben uns unsere Anlagen nicht selbst ausgesucht. Ganz im Gegenteil, wir sind einen Großteil unseres Lebens damit beschäftigt, uns selbst zu entdecken, wenn wir erst einmal gemerkt haben, dass alles ganz anders geworden ist, als wir es uns vorgestellt haben.

Dann sind wir endlich an einem Punkt angelangt, wo wir der Wahrheit ins Auge schauen: Nichts wurde aufgrund unserer eigenen Vorstellungen so, sondern wir haben bestenfalls die uns innewohnenden Gaben frühzeitig entdeckt, ohne uns weiter den Kopf darum zerbrechen zu müssen.

Wenn wir soweit sind, können wir unser Abgespanntsein, unser tägliches „Unter-Strom-Stehen", unser ständiges „Im-Alltag-Bestehen-Müssen" getrost an den Nagel hängen. Auch ohne dieses Festhalten stehen wir fest auf dem Boden. Jetzt können wir loslassen und zulassen, dass das Richtige passiert.

Und nun finden wir, ohne zu suchen: Lösungen werden nicht mehr gesucht, sie stellen sich ein. Wir bemühen uns nicht mehr um das richtige Wort, das angemessene Verhalten, die richtige Sicht der Dinge, den notwendigen Fleiß. Wir gehen nur unserem Tagesgeschäft nach, ohne zu zweifeln, mit der Zuversicht, dass wir das Richtige tun werden oder besser, das Richtige durch uns getan wird. Wir haben keine Angst mehr, nicht die richtige Entscheidung zu treffen, zu versagen oder in die falsche Richtung zu laufen, sondern vertrauen darauf, dass wir genau da sind, wo wir hingehören, alles Weitere wird sich von selbst ergeben, dessen können wir gewiss sein.

Eine neue Lebensethik entwickeln

Im Folgenden werden (in Anlehnung an Thich Nhat Hanh) die bisher gewonnenen Erkenntnisse in praktisches Tun umgewandelt. Ich verzichte ganz bewusst auf detaillierte Beschreibungen, was wir alles tun oder lassen könnten. Mir geht es darum, dass jeder seinen Weg selbst entdecken kann, wenn er bewusst mit sich umgeht und sich nicht von äußeren Umständen abbringen lässt. In diesem Buch soll es nur darum gehen, gemeinsam den Beginn des Weges zu finden. Mehr ist nicht notwendig, der Rest sieht bei jedem zum Glück sehr individuell aus und ist in jedem enthalten. Was kann es da noch für Ratschläge geben?

Offenheit für andere Einstellungen

Fanatismus und Intoleranz resultieren nicht nur aus fundamentalistischen Lebensausrichtungen. Sie finden hier bei uns jeden Tag, jede Stunde statt. Lehrmeinungen, Theorien, Ideologien werden untereinander ausgetauscht wie Aktenordner. Anstatt sich wirklich offen und ehrlich 1) miteinander 2) auseinander zu setzen, setzt sich derjenige durch, der die höhere Position innehat, und damit ist die Diskussion zu Ende: Gut, dass wir einmal darüber gesprochen haben.

Oft genug ist es auch umgekehrt: Sogar Vorgesetzte haben manchmal begründete Ansichten. Jedenfalls könnte viel Hierarchie-Gehabe ausbleiben und zu einer kreativen und sinnstiftenden Diskussion führen, wenn einfach nur Sachargumente zählen würden, nicht irgendwelche festgefahrenen Ansichten.

Gerade betriebswirtschaftliche Theorien wirft man sich gegenseitig an den Kopf: Die Arbeitgeber führen mit einer beispiellosen Penetranz immer die gleichen Argumente ins Feld, als wenn sie selbst nicht daran glauben würden. Die Gewerkschaften stehen dem in nichts nach, müssen leider zur Zeit etwas nachgeben, weil die Ausgangsposition schlechter ist: Es geht einmal mehr nicht um das gleichberechtigte Finden einer Lösung mit Berücksichtigung der Interessen der anderen Seite, sondern um Absteckung des eigenen Terrains, um die Wahrung der Macht. Wie soll dabei etwas Vernünftiges herauskommen?

Nichts anderes in der Politik: Man tauscht immer wieder die gleichen „Aktenordner" aus, wirft sich Freundlichkeiten an den Kopf und zum Schluss kommt als Mehrheitsmeinung die aktuelle Sitzverteilung im Bundestag heraus, welches Wunder. Alle halten an ihren Meinungen und Ansichten, mithin an ihrer Position fest, ohne ein Gefühl für die tatsächliche, aktuelle Situation zu bekommen. Natürlich müssen sie das, weil sie sonst von der Presse überfahren werden: Man kann ja schließlich nicht einfach die Meinung der anderen Partei gut finden, das wäre schlecht fürs Image.

Am schlimmsten ist es in den Religionen: Einige scheinen einen Absolutheitsanspruch zu haben, dabei kann eine Religion immer nur ein Sichtfenster bzw. ein Vehikel für die eigene Spiritualität sein. Den Anspruch auf die wahrhaftige Erkenntnis kann es nicht geben, da Erkenntnis immer nur im Einzelnen stattfinden kann, niemals in einer Religion. Was ist das für eine Religion, die den Menschen als Abbild Gottes ansieht und ihn (den Menschen) für unfähig hält, in seinem Innersten den eigenen Weg aufzuspüren, und sei er noch so anders als der eigene. Das macht der Buddhismus sehr schön deutlich: Die Lehren sollen nur Hilfsmittel sein für Verstehen und Mitgefühl, aber keine Dogmen darstellen.

Ein wichtiger Schlüsselbegriff ist die Toleranz: den anderen in seiner Person so anzunehmen, wie er ist. Seine eigenen Theorien und übernommenen Lehrmeinungen einmal weglassen, auf das obligatorische „Recht-Haben-Wollen" verzichten und sich von der eigenen Inspiration leiten zu lassen. Es entsteht eine befruchtende Auseinandersetzung. So können kreative Kräfte zusammengeführt und vor allem potenziert werden. Am Ende steht ein sinnvolles Ergebnis für alle Seiten, gegenseitige Anerkennung und die Einsicht, dass die Diskussion einen eigenen Wert in sich gehabt hat. So macht Arbeiten Spaß. Es kommt nicht mehr darauf an, Recht zu haben, da mir die Wertschätzung des Gegenübers in jedem Falle sicher ist. Das ist so viel mehr Wert, als ein „Sieger" aus dem Rennen zu gehen, weil wir bald das Gefühl bekommen, an einer großen Sache mitzuwirken, anstatt kleine Projekte durchzusetzen.

So kann ich lernen, aus meiner eigenen Mitte heraus zu arbeiten, ohne Kraftanstrengung, sondern mit viel innerer Kraft. Ich kann lernen, wie meine Ideen mit einfließen, ohne dass ich Recht haben muss. Ich kann lernen, den anderen anzuerkennen, ohne befürchten zu müssen, dass ich selbst nicht genug gesehen werde.

Meinungen loslassen

Wissen ist Macht. So haben wir es schon in der Schule gehört, schließlich ist es das beste Argument, sich anzustrengen: Am Ende bekommt man wenigstens etwas dafür. Und wenn wir etwas gelernt haben, wenden wir es auch an und lassen uns nicht mehr beirren. Wissen ist ein wichtiger Faktor in unserem Leben: Manchmal geht es um nüchternes Denken, müssen mathematisch begründete Entscheidungen getroffen werden, können nur Urteile für oder wider getroffen werden.

Unser Wissen ist aber nicht absolut und unveränderlich. Viele Entscheidungen finden wir nur, indem wir uns auf das Leben einlassen. Hier liegt unsere wahre Verantwortung, uns als Teil des Lebens zu sehen, in uns hineinzuhorchen. Unser Wissen ist nicht die höchste Wahrheit, das können wir hier erfahren. Wir brauchen auch gar nicht alles zu wissen. Wir können intuitiv in uns spüren, was als Nächstes zu tun ist.

Aus dieser inneren Haltung heraus können wir unsere Ansichten und Meinungen fallen lassen, die uns letztendlich unser Verstand diktiert und die nichts mit unserem Selbst zu tun haben.

Der Verstand produziert ständig Meinungen, Ansichten, Urteile und segelt schlicht und ergreifend am Leben vorbei, weil das Leben nur im Augenblick stattfindet. Es ändert sich jeden Moment, und unser Verstand produziert sofort eine Meinung dazu, die oft völlig unerheblich ist. Wir können uns den ganzen Tag mit unseren produzierten Ansichten beschäftigen und diese jetzt endlich einmal durchsetzen, und doch ist es nichts als heiße Luft.

Die Wirklichkeit findet nur im Hier und Jetzt statt. Wir können sie erleben, indem wir uns achtsam auf uns selbst besinnen und dann intuitiv agieren, mit anderen agieren, ohne vorgefasste Meinung. Das ist viel kraft- und wirkungsvoller als immerfort die gleichen Mahnungen, die gleiche Verstimmtheit zu verbreiten und mehr oder weniger seinen Tag damit zu verbringen, seine Mitmenschen zu maßregeln, und sei es nur im eigenen Kopf.

Ein banales, aber von mir in vielen Varianten häufig beobachtetes Beispiel: Der Vorstand war einmal „enttäuscht" von seiner Sekretärin, weil diese erst am Vormittag am Arbeitsplatz erschienen war. Obwohl es keine Kernarbeitszeiten gab (es machten sowieso alle Überstunden, so dass kaum Platz für spätes Kommen oder frühes Gehen blieb), kam das – wenn überhaupt – natürlich nur vor, wenn der Vorstand außer Haus war, weil sonst viel zu viel zu tun war. Die Sekretärin war von dieser Mahnung am Telefon so perplex, dass sie vergaß, darauf hinzuweisen, dass sie am Vortag bis in die Nacht hinein private fremdsprachige Korrespondenz für ihren Vorgesetzten erledigt hatte und auch sonst alles ohne Blick auf den Feierabend erledigte.

Wie viel einfacher könnten wir es uns machen, wenn wir als innere Grundhaltung Verstehen üben würden?! Die meisten Verstöße, die wir bei anderen aus- oder unausgesprochen kritisieren, machen wir in der Regel am gleichen Tag noch selbst. Achten Sie einmal darauf, es ist tatsächlich so. Aber das können wir nur bemerken, wenn wir achtsam durch den Tag gehen, das heißt, in einer meditativen Grundhaltung verweilen, was auch geschieht.

Freies Denken

Der Geist ist frei, so lautet eine bekannte Redewendung. Leider stimmt dies im Alltagsleben nicht ganz. Wie sehr leben wir selbst mit aufgezwungenen Meinungen, wie sehr zwingen wir selbst unsere Meinungen anderen auf? Beides ist uns kaum noch bewusst – auch hier gilt es, achtsam zu werden und damit ehrlich gegenüber uns selbst.

Wie sehr haben wir uns selbst mit Meinungen identifiziert, ohne uns jemals darüber Gedanken zu machen, von wem sie eigentlich stammen. Geld kann man nur verdienen, wenn man besser ist als die Konkurrenz, das Leben ist hart, Karriere machen verschafft Zufriedenheit, ein großes Auto ist gut fürs Image ... Das sind nur ein paar Klischees, die zumindest in unseren Köpfen herumschwirren. Verstandesmäßig weisen wir sie natürlich weit von uns, wenn wir sie hier schwarz auf weiß lesen. Wie wäre es mit: Man muss immer wissen, was man tut, stell dich nicht immer so an, das Leben ist nun einmal so ...?

Genauso impfen wir anderen unsere Meinung ein, sei es durch die Macht des Geldes, Mund-Propaganda oder gar Drohung. Nicht zuletzt bei unseren Kindern gehen wir klar über unseren Erziehungsauftrag hinaus, wenn wir Ihnen unsere Meinungen aufzwingen. Auch wenn sie zu uns gehören, sind sie doch eigene und eigenständige Wesen. Auch unsere Partner haben manchmal schlechte Chancen, nur weil wir vielleicht das Haupteinkommen mit nach Hause bringen.

So haben wir einerseits die Aufgabe, dauernd und selbstständig zu prüfen, ob wir eigentlich nach dem leben, was wir in unserem Innersten spüren. Dieses Urteil kann vernichtend ausfallen, wir sollten es nicht negieren. Das Urteil wird mit der Zeit treffsicherer werden, wenn wir entdecken, wie viele Meinungen wir von unseren Eltern und von unseren Mitmenschen einfach übernommen haben. Was unserem inneren Urteil nicht entspricht, sollten wir auf jeden Fall bewusst machen. Im Lauf der Zeit wird sich daraus eine uns gemäße Verhaltensweise entwickeln. Vielleicht schaffen wir auch einen klaren Schnitt. Auf jeden Fall werden wir stärker das entdecken, was wir selbst sind.

Andererseits müssen wir die Freiheit anderer achten. Unsere Ansichten und Meinungen sind eben nur Ansichten und Meinungen. Auch unser Glaube ist eben nur unser Glaube, nicht zwangsläufig auch der unseres Gegenübers.

Wie können wir das in der Praxis zuverlässig umsetzen? Indem wir emotional intelligent – d.h. einfühlsam auf den anderen bezogen – miteinander reden, als ureigenstes Merkmal der Gewaltfreiheit. Unsere Rede soll freundlich, einfühlsam und verständnisvoll sein. Sie ist es, wenn wir das Innere unseres Gegenübers erreichen. Das funktioniert sogar bei Bilanzbesprechungen. Häufig reicht schon ein verbindendes Wort oder ein gutgemeinter Witz, und zu unserem Gegenüber ist eine persönliche Verbindung hergestellt. Manchmal kann man mit einer einzigen persönlichen Bemerkung ein Herz öffnen, und wir sollten es tunlichst ohne Hintergedanken tun. Es gibt keine ehrlichen Lügner.

Des Weiteren müssen wir ohne Zorn und Hass handeln. Sonst handeln wir nicht gewaltfrei und verletzen damit die Freiheit anderer. Dem steht nicht entgegen, klar und deutlich zu sagen, wenn etwas aus eigener Sichtweise nicht funktioniert und geändert werden muss. Ich kann auch deutlich machen, dass meine Verantwortung bestimmte Verhaltensweisen nicht zulässt.

Unangenehmes nicht verdrängen

Das eigentliche Problem unangenehmer Situationen ist, dass wir ihnen aus dem Weg gehen wollen. Unser ganzes Leben ist darauf ausgerichtet, Leiden zu vermeiden. Wir bauen uns „Sicherheiten" auf, verdienen regelmäßig Geld, machen Karriere, verheiraten uns mit einem Partner, richten unser Leben so aus, wie es die meisten tun. Auf diese Weise wiegen wir uns in Sicherheit und meinen, mit ein bisschen Glück wird schon nichts schief gehen.

Dabei erreicht uns das Leiden überall, mit und ohne Geld, mit und ohne Partner, mit und ohne Karriere. Einfach zu akzeptieren, dass Leben zunächst einmal Leiden bedeutet, kann eine ungeheure Erleichterung sein: Wir brauchen das Leiden nicht mehr zu negieren, nicht mehr durch sinnlose Aktivitäten zu überspielen.

Als Nächstes untersuchen wir die Ursache des Leidens. Leid entsteht vor allem durch Anhaftung einerseits und Ablehnung andererseits. Wir klammern uns an bestimmte Dinge und Personen, und meinen, ohne sie nicht leben zu können. Andererseits wehren wir uns gegen Umstände in unserem Leben, die einfach so sind, weil wir sie nicht ändern können.

Wir glauben manchmal, wenn dies oder jenes geändert würde, wären wir glücklich. Falls diese Änderung dann tatsächlich einmal eintritt, müssen wir vielleicht erkennen, dass es in jenem Moment schon selbstverständlich geworden ist und wir wieder etwas anderes finden, an dem wir unser Unglück festmachen. So geht es endlos weiter, bis wir vielleicht am Ende unseres Lebens einsehen, dass das Glück immer nur in uns wohnt, unabhängig von äußeren Umständen, die höchstens förderlich oder hinderlich sein können. Letztendlich ist aber alles hinderlich für unsere Entwicklung, wenn wir nicht in uns selbst Frieden finden, wirklich in uns selbst, nicht in anderen, nicht durch andere Umstände. Vielleicht ist es eher umgekehrt: Wenn wir mit uns im Reinen sind, werden sich auch die äußeren Umstände ändern.

Wenn wir das Leiden als Bestandteil von uns akzeptieren, kann es eine wichtige Funktion in unserem Leben übernehmen. Es ist ein Reinigungsprozess des Körpers, der uns dazu zwingt, loszulassen und anzunehmen, was ist. Aus dieser Position heraus können wir sehen, was wirklich geändert werden muss, unabhängig von äußeren Umständen. Das kann eine persönliche Richtungsänderung bedeuten oder aber auch ermöglichen, das Leiden der Menschen um uns herum besser wahrnehmen zu können. Wir können erkennen, dass wir nicht getrennt von anderen Menschen leben und nicht glücklich sein können, wenn es unsere Mitmenschen nicht auch sind.

Dafür ist es wichtig, sich nicht dem Leben zu verschließen. Sich immer mehr einzuigeln und nur noch in seiner eigenen Welt zu leben, bedeutet, nicht mehr mit dem wirklichen Leben in Kontakt zu sein. So können wir anderen Menschen nicht helfen, und damit können wir uns selbst nicht helfen. Wenn wir selbst nicht zufrieden sind, tun wir anderen Menschen auch nichts Gutes. So schließt sich der Kreis.

Bescheidenheit macht reich

Mit den Ansprüchen unserer Wohlstandsgesellschaft haben wir uns selbst ins Bockshorn gejagt. Anstatt unseren Wohlstand genießen zu können, sind wir vollauf damit beschäftigt, für unsere Rechnungen zu arbeiten, Stress, Depressionen und sonstige Krankheiten auszuhalten. Hinzu kommt, dass wir in der derzeitigen Wirtschaftsflaute unseren Lebensstandard nur noch halten können, wenn wir uns noch mehr anstrengen, wenn wir noch mehr am Hamsterrad drehen.

Mit weniger Besitz und Konsum zufrieden sein zu können, bedeutet auch, sich mehr seinen Mitmenschen widmen zu können, weniger Sorgen um seinen Besitz zu haben, einfach (und) glücklich leben zu können. Uns nicht mehr von unseren eigenen Wünschen ins Bockshorn jagen zu lassen, sondern achtsam den Augenblick erleben zu können, bedeutet eine Erfüllung, wie sie höher nicht sein kann. Es gibt einfach kein höheres Glück. Ob wir es glauben oder nicht, der Augenblick ist immer vollkommen, wenn wir ganz in ihm aufgehen, hier liegt das Wunder des Lebens.

Meine neueste und liebste Übung ist, dass ich Gegenstände in meiner Wohnung, sobald sie ersetzt werden müssen oder ich jemanden finde, der sie wirklich dringend benötigt, abgebe und dann genau prüfe, ob sie wirklich noch einmal angeschafft werden müssen. Gerade ist mein Fernseher kaputt gegangen, und ich vermisse ihn gar nicht. Ich habe einen freien Platz in meiner Wohnung bekommen, an dem ich zum Beispiel eine kleine Meditationsecke einrichten kann.

Die notwendigen Nachrichten und Informationen entnehme ich genügend guten Radiosendungen und kann gezielt im Internet (oder in der Zeitung) bestimmte Dinge nachlesen. So habe ich jeden Tag viel Zeit gespart, die ich mit andern Menschen verbringen, in der ich ein gutes Buch lesen kann oder in der ich einfach zur Ruhe komme. Auf einmal merke ich, dass mich Fernsehen nur von mir weggeführt hat. Ich habe mich endlos mit vielen interessanten Geschichten beschäftigt, die alle nichts mit mir zu tun hatten, zu denen ich nichts beitragen konnte und wo ich kein Mitgefühl üben konnte. All diese Storys, die mit „Hast Du schon gehört ...?" anfangen, vermitteln mir dieses Gefühl.

Meinen Schreibtisch habe ich verschenkt, denn ich habe entdeckt, dass ich in meiner Wohnung mit einem Tisch weniger gut auskomme: Meine Wohnung ist viel luftiger geworden, und mein alter Arbeitsplatz steht jetzt bei jemandem, der ihn wirklich benötigt. Ich arbeite nun an einem normalen Tisch. Das macht viel mehr Spaß, weil er nicht so nach offiziellem Schreibtisch aussieht, ich setze mich viel lieber daran.

Wohlstand kann uns in unserer Entwicklung behindern. Gerade in schlechten Zeiten bemerken wir das, wenn nämlich der Lebensstandard in Gefahr ist und wir nicht wissen, wie wir alles halten sollen, anstatt es loszulassen und uns mit weniger zu begnügen. Wirkliche Freude bereitet uns der Umgang mit anderen Menschen. Vor allem Zeit für sie zu haben, nicht immer weiter hechten zu müssen, ist ein befreiendes und erfüllendes Lebensmoment.

Vielleicht meinen wir, alles um uns herum würde zusammenbrechen, wenn wir etwas aufgeben. Ich kann nur aus eigener Erfahrung sagen, dass dem nicht so ist. Nicht mehr um jeden Preis alles erhalten zu wollen, eröffnet uns erst unseren wirklichen Horizont. Erst wenn wir anhalten und uns auf uns selbst besinnen, kommen wir zu uns. Wir müssen ein bisschen sterben, um wirklich nach dem leben zu können, was in uns an Schätzen verborgen ist. Wir brauchen viel weniger zum Leben, als wir meinen.

Den Ärger ärgern

Ärger muss raus, am besten direkt, wenn er entsteht. Das ist die vorherrschende Meinung, ansonsten haben wir nur die Wahl, den Ärger zu unterdrücken. Nichts von alledem ist wahr. Wenn wir genau hinschauen, mehren wir unseren Ärger nur und den der betreffenden Person auch noch, und so entsteht erst das Zerwürfnis, das Dauerärger garantiert. Prima gelaufen, natürlich haben wir wieder Recht gehabt, das war endlich mal nötig! Herzlichen Glückwunsch!

Hass und Ärger verursachen nur weiteres Leid, bei uns und beim anderen. Aber da wir nun gelernt haben, achtsam mit unserem Leben umzugehen und jeden Moment unseres Lebens bei uns zu bleiben, bemerken wir Ärger rechtzeitig, wenn er in uns aufsteigt.

Hier handeln wir anders als sonst: Wir sagen oder tun nichts, sondern üben uns in achtsamem Atmen und bleiben ganz bei uns. Wir umarmen unseren Ärger und fühlen ihn ganz tief. Wir nehmen Gefühle wahr, die wir normalerweise lieber nicht so genau kennen möchten. Die vermeintlichen Verursacher unseres Ärgers sehen wir mit mitfühlenden Augen an.

Wenn wir nicht denken, sprechen oder handeln, können wir erkennen und verstehen. Vielleicht sehen wir, wie der andere Mensch leidet und genauso wenig aus seiner Haut kann, wie wir es können. Nur dass wir von unseren Schwächen ganz selbstverständlich erwarten, dass sie von anderen angenommen werden. Oder wir sehen, dass wir selbst die Grundlage dafür geschaffen haben, dass die andere Person so gehandelt hat. Oder wir sind so ehrlich und gestehen uns ein, dass wir selbst schon genauso unachtsam gehandelt haben.

Wir vergeben uns nichts damit. Oft habe ich schon festgestellt, dass der andere einfach nur wissen will, ob er angenommen ist, und danach ist der Spuk vorbei. Er hat es nicht böse gemeint, schon gar nicht wollte er uns angreifen. Meistens passieren solche Dinge, wenn jemand anderes oder wir in Eile sind und die eigene Umwelt gar nicht mehr richtig wahrnimmt.

Wenn wir uns innerlich wieder beruhigt haben und diese Gedanken in uns erwogen haben, dann können wir überlegen, ob wir unser „Zielobjekt" nicht einmal zu einer Tasse Kaffee einladen und vorsichtig mit ihm darüber sprechen. Wie oft habe ich schon entdeckt, dass der andere selbst bemerkt hat, das irgendetwas schief gelaufen ist und mir versichert hat, dass er mich sehr schätzt und er mich keinesfalls kränken wollte. In solchen Gesprächen ist mir schon viel Sympathie entgegengebracht worden. Auf einmal nehmen sich zwei Menschen wirklich wahr, die bisher immer nur aneinander vorbeigelaufen sind.

In der Fortgeschrittenenübung nehmen wir den Ärger gar vorweg. Wir bleiben ganz bei uns und beobachten uns und die entsprechende Person, ohne reagieren zu müssen, sondern reagieren wie eine unbeteiligte Person, die beide unvoreingenommen betrachtet und eine Lösung finden will, die der Situation ohne Ansehen der Person gerecht wird. Wenn der Ärger nicht ausbricht, sondern ich ihn vorher erkenne, bewahre ich meine innere Freiheit und kann ungebunden auf meinen Ärger reagieren.

Wir achten darauf, dass unser Ärger sich nicht doch aufstaut und sich dann an einer nichtigen Kleinigkeit entlädt, womöglich noch an einer völlig unbeteiligten Person.

Manchmal gibt es auch keine Lösung. Gerade das ist eine wunderbare Gelegenheit, immer wieder von vorne zu üben. Indem wir ganz bei uns bleiben und uns nicht zum Reagieren zwingen, aber unseren Ärger auch nicht negieren, entsteht letztendlich immer eine Lösung.

Vielleicht hilft es auch manchmal einfach, gerade unserem schärfsten Gegner einen Strauß Blumen zu schenken. Auf Dauer kann niemand an uns vorbeigehen, ohne uns wahrzunehmen und uns zu erkennen. Wenn Sie doch einen ganz hartnäckigen Fall kennen, machen Sie sich einmal klar, wie arm und leidend dieser Mensch sein muss, dass er so krampfhaft an seinem Verhalten festhält.

Augenblick mal – den Augenblick wahrnehmen

Diese Binsenweisheit hat einen sehr tiefen Hintergrund. Genau genommen ist es die wichtigste Übung in diesem Buch: Achtsam den Augenblick leben. Dieser in diesem Buch oft verwendete Begriff besagt, „im gegenwärtigen Augenblick ganz und gar präsent zu sein" (Thich Nhat Hanh). Wenn wir eine Aufgabe erledigen und dabei ständig auf die Uhr schauen, sind wir nicht bei der Aufgabe, sondern bei unserem nächsten Termin. Auch wenn wir grundsätzlich unter Termindruck stehen, können wir ganz präsent sein: Wenn wir nämlich aufhören, ständig danach zu hechten, alles zu schaffen, sondern das tun, was wir tun, bekommen wir ein inneres Gespür dafür, was jetzt noch zu schaffen ist und was nicht mehr zu schaffen ist. So werden wir uns wundern, dass wir am Ende des Tages, am Ende der Woche doch alles geschafft haben, was wirklich geschafft werden musste. Wie geht das?

Achtsamkeit erreichen wir, wenn wir auf unseren Atem achten und nur das tun, was wir gerade tun. Wir können achtsam arbeiten, liegen, stehen, laufen, trinken, reden ... Es gibt nichts, was wir nicht achtsam tun können. Durch Achtsamkeit werden wir zu Sammlung und Einsicht geführt, Einsicht in unser und das Leben der

Menschen um uns herum, Einsicht in das Leben überhaupt. Einen besseren Führer in uns kann es nicht geben: Einsicht lässt uns das tun, was wirklich notwendig ist. Das ständige Geplapper unseres Verstandes hört allmählich auf, und wir erkennen endlich, was wirklich zu tun ist. Das meine ich wörtlich, sowohl in kleinen als auch in großen Dingen. So können wir den Tag intensiv erleben, ohne ihm zwanghaft hinterherzulaufen. Wenn wir uns davon befreien, alles selbst steuern zu müssen, sondern uns nur im Augenblick aufhalten, vertrauen und uns von unserer Intuition leiten lassen, sind wir auf unserem eigenen Weg.

Für das Verweilen in der Achtsamkeit ist es wichtig, Zerstreuungen nicht mehr nachzugeben. Nebenher zu rauchen, Musik zu hören, fernzusehen, mal eben zwischendurch Zeitung zu lesen, beim Autofahren noch schnell telefonieren, immer noch etwas dazwischenpacken zu müssen, obwohl es jetzt schon zu viel wird, kann zur Sucht werden und treibt uns von unserer eigentlichen Beschäftigung fort. Wir schaffen auch nicht mehr, weil wir diese Angespanntheit, die mehrere gleichzeitige Tätigkeiten verursachen, später als Erholungszeiten doppelt und dreifach benötigen.

Nur wenn wir nicht in die Vergangenheit abschweifen, sie glorifizieren oder bedauern und wenn wir nicht sorgenvoll in die Zukunft schauen, können wir den Augenblick leben. Die Vergangenheit ist vorbei, die Zukunft ist noch nicht eingetreten, wir können in unserem ganzen Leben immer nur den Augenblick beeinflussen. Das ist unsere einzige Einflussmöglichkeit, und wir sind ausreichend damit beschäftigt. Wenn wir den Augenblick leben, leben wir gleichzeitig für unsere Zukunft. Gleichzeitig heiligen wir unsere Vergangenheit, denn sie bekommt durch den bewusst erlebten Augenblick einen Sinn. Nur durch die von uns erlebte Vergangenheit, durch erlebtes

Leiden können wir den Augenblick so wahrnehmen, wie wir es jetzt können.

Es ist sehr schwer, hierfür ein Beispiel zu finden, weil es ein sehr intimes und individuelles Erleben ist, das genau genommen beispiellos ist. Wenn ich früher etwa eine Sitzung leiten musste, sei es eine externe oder eine interne, habe ich davor immer große Angst gehabt. So habe ich versucht, alles besonders gut vorzubereiten, ständig auf die Uhr geschaut und meine Kollegen verrückt gemacht. Das Ende vom Lied war dann, dass ich bei der Vorbereitung doch nicht an alles gedacht hatte und mir in der Sitzung beinahe die Worte fehlten, wenn etwas Unvorhergesehenes passierte (es passierte immer etwas Unvorhergesehenes), sei es, dass ein ungeklärtes technisches Problem auftauchte, sei es, dass ein entscheidender Gast fehlte. Diese Angst wurde immer schlimmer.

Und so blieb mir nichts anderes übrig, als innerlich loszulassen und mich einfach dem Augenblick hinzugeben, so wie er war. Durch diese innere Offenheit für das, was war, einfach das anzunehmen und zu erleben, was *jetzt* war, durch dieses Vertrauen, dass das Richtige passieren würde, erlebte ich eine unglaubliche innere Ruhe, erlebte ich mich eins mit dem Augenblick. Ich hatte ein Gespür für das, was jetzt notwendig war, genau genommen habe ich erlebt, wie ich jede Situation aus mir heraus gemeistert habe, ohne lange zu überlegen oder zu tricksen.

Anders kommunizieren

Natürlich können wir immer einfach versuchen, unsere Meinung kundzutun und dann auch erwarten, dass es alle toll finden und sich auch noch daran halten. Leider wissen wir, dass das nicht funktioniert. Mit solch einer

Haltung wird uns sogar widersprochen, nur um uns zu widersprechen, selbst wenn wir „Recht" haben.

Vor allem entgeht uns aber der zwischenmenschliche Austausch, das Erkennen, Verstehen und Lieben (!) unseres Gesprächspartners. Im fachlichen Bereich entgeht uns eine gehörige Portion Berufserfahrung, auf der persönlichen Ebene entgeht uns viel Lebenserfahrung.

Wenn Kommunikation nicht beidseitig möglich ist, ist es keine Kommunikation. Gerade Menschen, die uns nicht liegen, die wir nicht so schätzen, haben uns häufig etwas Wichtiges mitzuteilen, unabhängig von ihrer Bildung und vor allem (!) unabhängig von ihrer Ausdrucksfähigkeit. Gerade unangenehme Menschen, gerade unangenehme Mitteilungen bringen uns häufig ein gutes Stück in unserem Leben weiter. Und so kann es bei der Kommunikation nicht darum gehen, gut dazustehen und Anerkennung zu bekommen, sondern es geht darum, sich mitzuteilen und zu lernen, zu erfahren und weiterzukommen.

Sobald unsere Rede auf Verstehen und Mitgefühl aufbaut, nehmen wir den anderen erst richtig wahr, horchen nicht nur auf seine Worte, sondern auch auf die Umstände, aus denen heraus er handelt. Erst dann können wir eine Situation richtig erfassen und angemessen handeln und reagieren.

Dabei ist Versöhnung ein wichtiges Korrektiv: Natürlich laufen Dinge schief, reagieren wir im Eifer des Gefechts manchmal nicht so, wie wir es wollen. Dann ist es aber wichtig, dies einzuräumen. Es kann nicht darum gehen, sein Gesicht zu wahren oder seinen eigenen Vorteil zu sichern, sondern im Mittelpunkt sollten Verstehen und Mitgefühl stehen. Mit diesem Ansatzpunkt findet sich eine Lösung, die der Sache gerecht wird, in der unsere Person und unser Gegenüber ganz von selbst im richtigen Maße berücksichtigt werden.

Wie findet aufrichtige Kommunikation statt? Zunächst muss uns klar werden, dass Worte Menschen sehr glücklich und sehr traurig machen können, ja geradezu in einen Abgrund stoßen können. Wenn uns das bewusst ist, werden wir nur noch so reden, dass sich Vertrauen und Hoffnung entwickeln können. Wir wissen selbst, wie glücklich es uns macht, wenn wir uns in einer vertrauensvollen Atmosphäre äußern können, warum tun wir also nicht selbst etwas dafür? Es macht keinen Sinn, ein Gespräch mit Vorhaltungen zu begründen oder den anderen gezielt zu verunsichern oder abzuschätzen, wie wir ihn am besten „nehmen" können. Das sind unnötige Machtspiele, die auf uns zurückfallen. Haben wir das noch nötig? Wenn ja, brauchen wir uns nicht weiter mit dem Thema zu beschäftigen und können wieder damit beginnen, Zeit zu sparen.

Natürlich soll man nicht lügen. Aber der Grenzbereich zwischen Wahrheit und Lüge ist groß. Wie leicht begeben wir uns in die Versuchung, durch kleine Abänderungen der Wirklichkeit andere zu beeindrucken oder Situationen zu unserem Vorteil zu gestalten. Auch die Verbreitung von Mitteilungen, deren Wahrheitsgehalt wir nicht einschätzen können, gehört dazu. Haben wir es wirklich noch nötig, uns wichtig zu machen? Haben wir das Gefühl, dass das von uns verlangt wird? Dann sind wir nicht an der richtigen Stelle. Oder umgekehrt: Spielen wir das Spiel nicht mit, werden wir auf lange Sicht die Einzigen bleiben, denen man noch glaubt.

Dazu gehört auch, Missstände als Missstände zu benennen, Lüge und Wahrheit zu benennen, wenn wir es wissen. Ich habe schon im Kapitel „Kontrolle loslassen" geschrieben, dass wir eigentlich immer ein Gefühl dafür haben, was wahr und was unwahr ist. Aber wir brauchen eigenen Mut und die Offenheit anderer, dies zu benennen, andernfalls ist Kommunikation nicht mehr ehrlich, und alle Versuche, sie zu verbessern, müssen scheitern, da die Grundlage fehlt: die Wahrheit. Wenn dies nicht angesprochen werden kann, sind wir am falschen Platz, da hilft im wahrsten Sinne des Wortes kein Argumentieren mehr. Sorry!

Bei Klatsch und Tratsch ist es nicht viel anders. Auch Windmachereien und harte Worte haben etwas mit Unwahrheit zu tun und schaffen kein Vertrauen, sondern können einzelne Menschen so belasten, dass es für sie zur Hölle wird. Die Verantwortung dafür tragen wir.

Wie können wir uns vor solchen Entgleisungen schützen? Indem wir einfach viel häufiger als bisher schweigen, wenn wir normalerweise einfach losplappern würden. Manchmal hilft uns und andern am besten ein einfaches Lächeln. Manchmal reicht es auch schon, wenn wir uns selbst nicht mehr so unerhört wichtig nehmen. Das Schlimmste ist die Angst, nicht gehört zu werden. Aber es ist wie eine selbsterfüllende Prophezeiung. Sobald wir aufhören, immer zu Wort kommen zu müssen, werden wir bemerkt. Es lohnt sich, das öfter einmal auszuprobieren.

Wir lernen auch selbst, uns auf die wirklich wichtigen Punkte zu beschränken und uns nicht durch Kleinigkeiten aus der Fassung bringen zu lassen. Wenn wir Anteilnahme und Verstehen gegen unseren Ehrgeiz austauschen, werden wir selbst und andere besser miteinander kommunizieren.

Integrität leben

Jetzt geht es ans Eingemachte. Wenn wir ehrlich gegenüber uns selbst sind, wenn wir in uns hineinfühlen, wenn wir ganz bei uns sind, dann sind wir achtsam. Aber das ist nicht alles. Wir entdecken, dass wir uns unwohl fühlen, dass wir latent ein schlechtes Gewissen haben, dass wir nicht eins mit uns selbst sind. Das kann daran liegen, dass unsere neue innere Lebenshaltung nicht mit den äußeren Lebensumständen übereinstimmt.

Vielleicht arbeiten wir in einer Firma, die dem Leben von Menschen direkt oder indirekt schadet. Vielleicht konsumieren wir Dinge, die uns nicht gut tun, wodurch wir anderen wiederum nicht gut tun.

Vielleicht haben wir uns an einer Sache beteiligt, durch die andere nur verlieren können. Beispielsweise halte ich es für problematisch, in Länder zu investieren, bei denen man davon ausgehen muss, dass sie die Menschenrechte verletzen. Oder wir investieren in Firmen, die Waffen produzieren oder mit Waffen handeln. Im Grunde verletzen wir uns dadurch selbst. Auch wenn wir es nicht wahrhaben wollen, im Unterbewusstsein wissen wir doch, was anderen schadet, und wir wundern uns über ein flaues Gefühl im Magen. Gerade die Beschwichtigung, dass man das ja alles nicht beweisen oder so sagen kann, deutet darauf hin, dass wir es im Grunde sehr wohl wissen. Viel besser wäre es, so zu investieren, dass anderen damit geholfen wird – nicht zuletzt auch einem selbst.

Vielleicht machen wir Überstunden für einen Job, bei dem wir jetzt schon viel mehr verdienen, als wir brauchen. Alles andere in unserem Leben kommt dafür zu kurz. Wäre es da nicht langsam an der Zeit, sich nach anderen Lösungen umzusehen?

Je präsenter wir im Leben sind, desto eher zeigen sich uns Lösungen auf, die uns mehr entsprechen und uns zu einem erfüllteren Leben führen. Wir verlieren allmählich die Angst vor der Zukunft und bemerken, welch gewaltige Kraft in uns steckt und uns den Weg weist, wenn wir sie nur lassen. Wir können von schlechten Gewohnheiten lassen, weil wir sie nicht mehr brauchen. Sie sind nichts anderes als Ausdruck einer schädlichen Lebensweise (gewesen). Auf einmal fällt es uns nicht mehr schwer, die Wirkung von regelmäßigem Alkoholkonsum in unserem Körper zu spüren oder zu bemerken, dass Fernsehen uns mehr nervt als entspannt und uns nur von uns ablenkt. Wir werden bereit, auf Dinge zu verzichten, die wir nicht mehr brauchen, weil wir bemerken, mit wie wenig wir auskommen können, ohne dass uns wirklich etwas fehlt.

Gewaltlosigkeit praktizieren

Das scheint für uns auf den ersten Blick völlig selbstverständlich zu sein. Aber wie oft haben wir schon im Autoverkehr jemand anderen laut oder leise einen Idioten genannt? Wie oft haben wir uns einfach unser Recht genommen? Wie oft haben wir unsere Position, unsere momentane Überlegenheit gegenüber jemand anderem eingesetzt, um uns nicht auseinander setzen zu müssen, um einfach unsere Ansichten beibehalten zu können, um unsere Meinung kurz und bündig durchsetzen zu können? Das ist auch Gewalt, Gewalt im Kleinen. Und gerade da liegt unser Anteil, unsere Möglichkeit, Frieden zu schaffen.

Das hört sich zunächst übertrieben an, aber Frieden beginnt im Kleinen. Was nützt es, wenn wir die Israelis oder Palästinenser kopfschüttelnd in den Nachrichten begleiten und im nächsten Moment über unseren Nachbarn schimpfen, weil er wieder sein Auto vor unserer Einfahrt geparkt hat? Glauben wir etwa, unser Nachbar würde das nicht bemerken? Im Augenblick vielleicht nicht, aber an unserem Verhalten ihm gegenüber bemerkt er es indirekt, und ein friedlicher Kontakt wird erschwert.

Jeder kann zum Frieden beitragen, wir müssen nicht hilflos zusehen, wie im Fernsehen die Welt zerbombt wird. Wir können sofort anfangen, hier und jetzt, bei uns und unseren Partnern, unserer Familie, unseren Nachbarn. Indem wir völlig präsent sind, uns dem Leben öffnen und uns von unseren Ansichten befreien, können wir den anderen in seiner Eigenheit, seinem Anderssein und seinem Leiden erkennen, verstehen und annehmen. Für uns hat es den Vorteil, dass wir uns nicht mehr so viel ärgern müssen, sondern konsequent nur dann eingreifen, wenn objektiv etwas schief läuft. Was für eine Erleichterung, was für ein Frieden!

Gewalt ist niemals, niemals eine Lösung, denn sie produziert immer nur neue Gewalt, es ist eine Spirale, die wir irgendwann nicht mehr aufhalten können, wenn zu viel passiert ist. Gewalt kann nicht mit Gewalt gestoppt werden, sondern nur mit Verstehen und Mitgefühl.

Auch wenn wir noch so sehr Recht haben, es hilft doch nicht weiter, auf den Tisch zu hauen. Wir lassen andere nur frustriert zurück, und selbst werden wir dadurch auch nicht zufrieden.

Abgeben lernen

Viele von uns haben den Wunsch, anderen zu helfen, wissen aber nicht wie. Gerade in unserer beruflichen Position würden wir manchmal lieber helfen als einfach unseren Job tun, als das zu tun, was man von uns verlangt.

Wir sehen Ungerechtigkeiten, bemerken Unterdrückung und sehen geistigen oder materiellen Diebstahl. Häufig genug können wir uns selbst nicht ganz davon frei machen. Haben Sie noch nie eine Ungerechtigkeit zu ihren Gunsten geschehen lassen oder noch nie einen Bleistift aus der Firma mitgehen lassen? Es gehört schon fast zum guten Ton, sonst „wäre man ja blöd". Genauso ist es mit unserer Steuerschuld. Wie leicht lassen sich ein paar Euro sparen, wenn man ein wenig schummelt.

Zudem ist es wichtig, wirklich abzugeben an die, die Not leiden. Jeden Tag begegnen sie uns, allein in Köln werde ich täglich um Geld angesprochen. Wir brauchen eigentlich nur mit offenen Augen durch die Welt zu gehen. Die, denen wir persönlich helfen können, kommen auf uns zu. Wenn wir innerlich wirklich dazu bereit sind, können wir jeden Tag helfen, und es geht nicht immer nur um materiell arme Menschen. Häufig genügt schon ein Lächeln, ein freundlich hingehaltener Regenschirm oder ein herzliches Dankeschön, und wir haben jemandem den Tag gerettet.

Oder wir machen nicht einfach „unseren Job", sondern füllen unsere Tätigkeit mit unserem Wesen aus und sind mit Herz bei der Sache. In diesem Augenblick geben wir etwas Echtes von uns ab – keine Sorge, wir werden dadurch nicht weniger. Im Gegenteil, wenn wir auf unserem Arbeitsplatz helfen, indem wir verantwortlich und sozial handeln, anstatt ängstlich unsere Position und Person gegen Kollegen zu verteidigen, werden wir innerlich frei, frei von uns, von unserem Gehabe, von unserer Begrenztheit. Hier werden wir doch etwas weniger, sorry! Und auf einmal sehen wir das Leid überall um uns herum und wissen auf einmal, dass wir etwas tun können, dass wir nicht hilflos sind.

In der momentan angespannten Wirtschaftslage gibt es oftmals einige Menschen im persönlichen Freundeskreis, die dringend eine zwischenzeitige Finanzspritze benötigen, um sich nicht aussichtslos im teuren Dispokredit zu verfangen oder gar gepfändet zu werden, vom Eintrag in die Schufa gar nicht zu reden. Wenn Sie etwas abgeben können, machen Sie klar, dass Sie nicht wollen, dass das Geld zwischen ihrer Freundschaft steht und sie es dann zurückzahlen sollen, wenn sie können. Sie vereinbaren, dass Sie nicht mehr darüber reden wollen und es von sich aus nicht tun werden. Machen Sie mit sich selbst aus, dass Sie den Betrag als verschenkt ansehen, und rechnen Sie nicht mit einer Rückzahlung. Aus dieser Haltung heraus bleibt die Freundschaft unbeschadet bestehen und Sie können sicher sein, Sie werden das Geld dann zurückbekommen, wenn es eben geht. Hier haben

Sie wirklich Hilfe zur Selbsthilfe geleistet und etwas Sinnvolles mit Ihrem Geld angefangen.

Sexualität ernst nehmen

Wohl kaum jemand kann von sich behaupten, noch nie jemand anderen damit verletzt zu haben, dass er gar nicht die liebenswerte Person im Gegenüber, die Kollegin oder den Kollegen, sondern nur das sexuelle Wunschbild gesehen hat oder nur etwas Warmes zum Anlehnen gesucht hat. Allein die lustvollen Blicke, die wir manchmal aussenden, ohne uns etwas dabei zu denken, können sehr verletzend sein. Wir sollten uns nicht einbilden, dass verstohlene Blicke nicht bemerkt würden. So sieht sich der oder die Betroffene damit konfrontiert, nur Sexobjekt zu sein und nicht in seiner/ihrer Person gesehen zu werden.

Gerade in einer Zeit des sich Alleinfühlens besteht eine große Versuchung, Einsamkeit mit Sexualität zuzudecken. Ohne Liebe erfahren wir leider eine Verstärkung: Die Einsamkeit wird nur noch größer. Unser Zielobjekt fühlt sich vielleicht sogar missbraucht. Selbst wenn es vorher klare Absprachen gibt, kommt es oft genug vor, dass man sich am Tag danach nicht mehr in die Augen schauen kann. Das ist die Sache nicht wert, und wir betrügen uns nur selbst, wenn wir Sexualität nicht ausschließlich in der Liebe suchen. Nur hier findet sie Erfüllung, nur hier hat dieses endlose Suchen ein Ende.

Falls wir wirklich ganz präsent im Augenblick leben wollen, können wir gar nicht anders, als unser Gegenüber in seiner Ganzheit zu sehen. Unsere sexuelle Wunschvorstellung verfliegt, und wir sehen einen Menschen, der verletzlich ist, der angenommen werden will und der auf der Suche nach Wärme und Geborgenheit ist und der eine eigene Erotik ausstrahlt. Aus dieser inneren Haltung heraus können wir eine intuitive Entscheidung treffen, losgelöst vom Wahn, jemanden erobert zu haben oder gerade ein tolles Abenteuer zu erleben.

Wir brauchen wahrhaftig keine aufgepfropften Moralvorstellungen, sondern nur einen neuen Bezug zur menschlichen und mitfühlenden Intuition in uns. Wir übernehmen ein Stück Verantwortung und sind uns bewusst, dass unsere Entscheidungen Auswirkungen auf andere Beziehungen haben können. Sind wir innerlich frei und ist es unser Gegenüber auch? Wenn nicht, verletzen wir ganz unromantisch andere Menschen, die uns am Herzen liegen (sollten).

Das große Abenteuer ist dann nur eine kleine Flucht, die in Unehrlichkeit und Lügen endet. Anstatt unser eigenes Leben in Ordnung zu bringen, wildern wir in anderen herum. Vielleicht stellen wir dann fest, dass unsere Begehrlichkeit uns unsere eigene Einsamkeit vor Augen führt, in die wir einmal tief hineinschauen sollten. Vielleicht ist es ja Zeit für den einen oder anderen ehrlichen Neubeginn.

„O Herr
mache mich zum Werkzeug Deines Friedens,
dass ich Liebe übe,
wo man mich hasst,
dass ich verzeihe,
wo man mich beleidigt,
dass ich verbinde, wo Streit ist,
dass ich Hoffnung wecke,
wo Verzweiflung quält,
dass ich ein Licht anzünde,
wo die Finsternis regiert,
dass ich Freude bringe,
wo der Kummer wohnt.

Ach Herr,
lass mich trachten,
nicht dass ich getröstet werde,
sondern dass ich tröste,
nicht dass ich verstanden werde,
sondern dass ich verstehe,
nicht dass ich geliebt werde,
sondern dass ich liebe.

Denn wer hingibt,
der empfängt,
wer sich selbst vergisst,
der findet,
wer vergibt, dem wird verziehen,
und wer stirbt,
der erwacht zum ewigen Leben."
Amen

FRANZISKUS VON ASSISI

Alles Gute auf Ihrem Weg

Nun sind wir einen kleinen Teil des Weges zusammen gegangen, einen sehr wichtigen.

Wir wissen nun, dass wir uns nicht mehr verrückt damit machen müssen, dass alles von uns abhinge. Wir sind nicht Herr über unser Leben, wir können nicht alles, was wir uns vorstellen. Obwohl wir erheblich mehr Gestaltungsspielraum als unsere Eltern haben, besteht die gleiche existenzielle Abhängigkeit von Krieg, Naturkatastrophen und anderem.

Dafür haben wir etwas viel Schöneres entdeckt: Wir brauchen gar nicht Herr über alles zu sein, sondern wir können darauf vertrauen, dass wir genau die Funktion in unserem Leben ausfüllen, die uns zugedacht ist. Diesen Weg können wir ganz bewusst gehen, wenn wir achtsam jeden Augenblick erleben, und können uns nun als Werkzeug sehen.

Es ist eine große Last von uns genommen, gleichzeitig können wir das Leben so sehen, wie es wirklich ist. Wir sind ein Teil von ihm, und wir sind nun nicht weniger, sondern mehr, nicht mehr nur Einzelkämpfer, sondern ein Teil des Ganzen. Wir brauchen uns nicht mehr in Konkurrenz zu anderen sehen, sondern sind Teil einer Gemeinschaft. Wenn wir das innerlich vollzogen haben, dann kommt mit unserer Hilfe auch der Punkt, wo wir das sinnvoll in Unternehmen umsetzen können. Aber aller Beginn liegt bei uns selbst, wir können es sofort in uns und unserer Umgebung umsetzen.

Das ist eine wirkliche Neuerung, wir brauchen dafür nicht wieder Meinungsführerschaft, keine Sitzungen, keine Diskussionen. Das ist jetzt vorbei, denn wir tun es einfach und stecken unsere Mitmenschen damit an. Es ist ganz einfach und doch so schwer. Vielleicht hilft es uns, dass wir entdecken, dass schon sehr viele Menschen auf diesem Weg sind. Es sind gewöhnlich jene, denen unsere Sympathie gehört, weil Sie etwas anderes ausstrahlen. Einen schöneren Beweis, dass sie (Sie) auf dem richtigen Weg sind, kann es nicht geben. Wie wir dahin kommen können, haben wir in diesem Buch erfahren, wir müssen es nun einfach tun.

Ich möchte Sie einladen, die normalen Bedenken und logischen Abwehrreaktionen nicht die Oberhand gewinnen zu lassen, denn dann sind Sie wieder am Anfang, und wir erreichen keine Veränderung, wenn wir uns immer von unseren Zweifeln leiten lassen. Das Einzige, was wir damit erreichen würden, wäre die Perfektionierung unseres alten Verhaltens. Das können wir immer weiter treiben, um dann letzten Endes doch einzusehen, dass wir so immer nur auf der Stelle treten. Ohne das Risiko, etwas Grundlegendes in uns zu ändern, können wir keinen wirklichen Fortschritt machen.

Hier sind einmal die Tugenden des Managers gefordert, das bewusste Risiko einzugehen, etwas signifikant Neues einzuführen, Disziplin und Konzentration zu üben und wirklich sinnvoll anzuwenden. Das beinhaltet nicht nur die vage Umschreibung eines nicht genau quantifizierbaren unternehmerischen Risikos. Denn hier geht es um alles oder nichts: Es geht nicht um gewinnen oder verlieren, nicht um Ertrag oder Konkurs, sondern um nichts weniger als Sinn oder Unsinn in unserem Leben.

Ein größeres Risiko – gleichzeitig eine größere innere Gewissheit – kann ich mir nicht vorstellen. Hier liegt unsere wahre Aufgabe, unsere wahre Bestimmung. Hier liegt wirklich eine prinzipielle Entscheidung zugrunde, die wir aktiv mittragen können, wahrscheinlich ist es die einzig tatsächlich bedeutsame in unserem Leben. Alles andere bedeutet nur unnötige Differenzierung, bei der wir immer auf der gleiche Ebene bleiben.

Diese innere Stärke anzunehmen, bedeutet, ohne Beweise und Recherchen blind auf uns(er) selbst zu vertrauen, Schritte zu gehen, deren Folgen wir nicht genau abschätzen können, sich ein Verhalten anzugewöhnen, das nicht mehr dem Primat der Logik unterliegt, das ihm mitunter diametral entgegengesetzt ist. Aber das Gefühl, vertraut zu haben, und zu sehen, dass sich nachher alles sinnvoll (logisch!) zusammenfügt, ist einfach unbeschreiblich. Hier liegt eine Kreativität, die wir mit allen gescheite(rte)n Seminaren nicht erreichen können.

Wenn wir nicht über diesen Graben springen wollen, müssen wir an unserem alten Ufer stehen bleiben, und damit werden wir sicher nicht schlecht fahren. Aber wir (Sie und ich) waren doch immer für Veränderung, sonst würden diese Seiten nicht vor Ihnen liegen.

Wir können das Leben auf einmal verstehen, wie es wirklich ist, wie wir es in unserem Innersten vielleicht schon immer gespürt haben. Diese Lebensfreude, nur einmal sich selbst gefolgt zu sein, ist mit nichts in der Welt aufzuwiegen. Einmal über seinen eigenen Schatten gesprungen zu sein, erzeugt eine Leichtigkeit, wie wir sie bislang nur in den seltenen Momenten des Lebens gespürt haben. Sie waren wie ein Köder, nun haben wir auch das Rüstzeug dafür, unseren alten Ballast abzuwerfen. Ich wünsche Ihnen, dass Sie es schaffen. Alles Gute auf Ihrem neuen Weg!

„Unsere tiefste Angst ist nicht, dass wir der Sache nicht gewachsen sind. Unsere tiefste Angst ist, dass wir unermesslich reich sind. Es ist unser Licht, das wir fürchten, nicht unsere Dunkelheit.

Wir fragen uns: ,Wer bin ich denn, dass ich leuchtend, hinreißend, begnadet und phantastisch sein darf? Wer bist Du denn, dass Du es nicht sein darfst? Du bist ein Kind Gottes. Wenn du Dich klein machst, dient das nicht der Welt. Es hat nichts mit Erleuchtung zu tun, wenn Du Dich einkringelst, damit andere um Dich herum sich nicht verunsichert fühlen brauchen.

Du wurdest geboren, um die Ehre Gottes zu verwirklichen, die in uns ist. Sie ist nicht nur in Einigen von uns – sie ist in jedem Menschen.

Und wenn wir unser Licht erstrahlen lassen, geben wir unbewusst den anderen Menschen die Erlaubnis, dasselbe zu tun.

Wenn wir uns von unserer Angst befreit haben, wird unsere Gegenwart ohne unser Zutun andere befreien."

AUSZUG AUS DER ANTRITTSREDE VON NELSON MANDELA

Literaturverzeichnis

Chödrön, Pema: Liebende Zuwendung – Freude im Herzen, Fischer Taschenbuch Verlag, Frankfurt am Main, 2000.

Fromm, Erich: Die Kunst des Liebens, Ullstein Verlag, Frankfurt am Main 1980.

Goleman, Daniel: Emotionale Intelligenz, Carl Hanser Verlag, München/Wien 1996.

Goleman, Daniel / Kaufmann, Paul / Ray, Michael: Kreativität entdecken, Carl Hanser Verlag, München/Wien 1997.

Harp, David / Feldman, Nina: Meditieren in drei Minuten, Rowohlt Taschenbuch Verlag, Reinbek 1997.

Harrison, Steven: Nichts tun – Ein Leitfaden zur inneren Freiheit, Deutscher Taschenbuch Verlag, München 2003.

Hart, William: Die Kunst des Lebens – Vipassana-Meditation nach S. N. Goenka, Fischer Taschenbuch Verlag, Frankfurt am Main 1996.

Hoffmann, Claudio: Achtsamkeit, Klett-Cotta Verlag, Stuttgart 2002.

Horney, Karen: Neurose und menschliches Wachstum, Kindler Verlag, München 1975.

Jäger, Willigis: Suche nach dem Sinn des Lebens, Verlag Via Nova, Petersberg 1999.

Jäger, Willigis: Suche nach der Wahrheit, Verlag Via Nova, Petersberg 1999.

Jäger, Willigis: Kontemplatives Beten, Vier-Türme-Verlag, Münsterschwarzach 1999.

Küstenmacher, Tiki / Seiwert, Lothar J.: Simplify your life, Campus Verlag, Frankfurt am Main 2003.

Lukas, Elisabeth: Spirituelle Psychologie, Kösel Verlag, München 1998.

Miller, Alice: Das Drama des begabten Kindes, Suhrkamp Verlag, Frankfurt am Main 1997.

Needleman, Jacob: Die Seele der Zeit, Fischer Taschenbuch Verlag, Frankfurt am Main 2000.

Popcorn, Faith: Der neue Popcorn-Report, Wilhelm Heyne Verlag, München 1999.

Rohr, Richard / Ebert, Andreas: Das Enneagramm, Claudius Verlag, München 1992.

Rohr, Richard / Ebert, Andreas: Erfahrungen mit dem Enneagramm, Claudius Verlag, München 1994.

Rosenberg, Marshall B.: Gewaltfreie Kommunikation, Junfermannsche Verlagsbuchhandlung, Paderborn 2003.

Schmidbauer, Wolfgang: Die Angst vor Nähe, Rowohlt Taschenbuch Verlag, Reinbek 1998.

Schmied, Karl: Kein Weg – nur Schritte, Theseus Verlag, Berlin 2001.

Thich Nhat Hanh: Das Wunder der Achtsamkeit, Theseus Verlag, Berlin 1999.

Thich Nhat Hanh: Ich pflanze ein Lächeln, Wilhelm Goldmann Verlag, München 1991.

Thich Nhat Hanh: Nimm das Leben ganz in Deine Arme, Theseus Verlag, Berlin 1997.

Thich Nhat Hanh: Vierzehn Tore der Achtsamkeit, Theseus Verlag, Berlin 1998.

Thich Nhat Hanh: Das Leben berühren, Verlag Herder, Freiburg i.Br./ Basel/Wien 1999.

Thich Nhat Hanh: Aus Angst wird Mut – Grundlagen buddhistischer Psychologie, Theseus Verlag, Berlin 2003.

Walsch, Neale Donald: Gespräche mit Gott, Wilhelm Goldmann Verlag, München 1997.

Wilber, Ken: Mut und Gnade, Wilhelm Goldmann Verlag, München 1996.

Wilber, Ken: Wege zum Selbst, Wilhelm Goldmann Verlag, München 1991.

Wilson Schaef, Anne: Im Zeitalter der Sucht – Wege aus der Abhängigkeit, Deutscher Taschenbuch Verlag, München 2002.

Wilson Schaef, Anne: Die Flucht vor der Nähe – Warum Liebe, die süchtig macht, keine Liebe ist, Deutscher Taschenbuch Verlag, München 2002.

Der Autor

Gregor Wilbers, 1961 im Ruhrgebiet geboren und aufgewachsen, studierte in Münster Betriebswirtschaft, arbeitete lange Jahre in verschiedenen Branchen und Konzernen als Portfolio- und Fondsmanager und baute in einem großen gemeinnützigen Konzern eine Interne Bank auf. Er lebt seit 1995 in Köln.

Auf seinen Reisen nach Australien, Asien, Afrika und nicht zuletzt auch Europa erschloss sich ihm ein neues Menschenbild und die Liebe zu den unterschiedlichen Kulturen mit ihren unterschiedlichen Menschen. Der Autor hat für seinen Arbeitgeber die Planung und Leitung einer spirituellen Reise nach Israel sowie einer Radtour nach Santiago de Compostella übernommen.

Besonders geprägt hat ihn Thich Nhat Hanh, Zen-Meister und führender Vertreter eines sozial engagierten Buddhismus, der durch sein Eintreten für Frieden, Gerechtigkeit und Menschenrechte mittlerweile weltweit bekannt und anerkannt ist.

Aufgrund seiner christlichen Erziehung fühlt er sich auch sehr zur Mystik hingezogen, speziell zu dem Benediktiner und Mystiker Willigis Jäger.

Die innere Spaltung von betriebswirtschaftlichem Denken und spiritueller Suche hat lange Jahre zwei Herzen in seiner Brust schlagen lassen, bis er entdeckte, dass es eine Verbindung von beidem geben muss, eine Verbindung von logischem Denken und tiefer Intuition. Die ständige Unzufriedenheit im Beruf und die dauernde innere Anspannung mussten irgendwohin führen: aus der Sinnkrise in die Sinnfrage.

Es musste eine Auflösung von pervertierter Effektivität und schädlichem Aktionismus, ständiger Kontrolle, borniertem Hierarchiedenken, dem dauernden Verglichen-Werden und Niemals-genügen-Können, völliger Verworrenheit und Zerstrittenheit des Managements, dem Verweigern der Anerkennung für Leistungen, dem Mobbing unter Kollegen und der mangelhaften Unterstützung untereinander, dem Nichteinhalten von Zusagen, dem völlig entgleisten „Busy-Sein“ und dem von der Geschäftsführung eingeforderten „Ich bin nur wichtig, wenn ich so viel Arbeit habe, dass ich gar nichts mehr schaffe“ geben – natürlich verbunden mit den entsprechenden körperlichen und Burn-out-Symptomen. Letztere hat er bei sehr vielen Kollegen, Vorgesetzten und auch bei sich selbst festgestellt und beobachtet, bis in den privaten Bereich hinein. Eine Auflösung dieser Phänomene legt der Autor in diesem Buch dar.

Kontakt

So können Sie Kontakt mit dem Autor aufnehmen:

E-Mail: **wilbers@sinnfindung-im-Beruf.de**
Website: **www.Sinnfindung-im-Beruf.de**
Telefon: 0221 / 2719115